JN147363

モンテッソーリ教育で
伸びる子を育てる！

幼児教育研究家
平川裕貴

彩図社

天才・藤井四段を育てたモンテッソーリ教育で子どもの才能を伸ばそう！

史上最年少でプロ棋士になり、初戦から29連勝して天才棋士と話題になった藤井聡太四段が、幼児期に受けていたとして、注目を集めているモンテッソーリ教育。

名前は聞いたことあるけれど、具体的にどんな教育なのかは知らないという親御さんも多いのではないでしょうか？


日本では、藤井聡太四段で話題になったモンテッソーリ教育ですが、前アメリカ大統領バラク・オバマ氏やマイクロソフト創業者ビル・ゲイツ氏、Facebook創業者マーク・ザッカーバーグ氏、Amazon創業者ジェフ・ベゾス氏など、実は世界中で様々な有名人がこの教育法を受け、才能を花咲かせています。

モンテッソーリ教育には、「子どもの才能を伸ばすノウハウが詰まっている」と言ってもいいかもしれません。

でも、モンテッソーリ教育は、決してエリート育成のための教育ではありません。

むしろ、元を辿ると、社会から取り残されがちな子どものために生み出された教育法なのです。

モンテッソーリ教育には、「子どもの才能を伸ばすノウハウが詰まっている」と言いましたが、モンテッソーリ教育を端的に言えば、**自立させることで自信を持たせ、子どもの好きや得意を発見させ、それを育む機会を与える教育**です。

そう考えれば、いろいろな分野の天才が生まれてきても不思議ではありませんね。

モンテッソーリ教育のエッセンスを家庭で取り入れれば、子どもはきっと、自信にあふれ、自分の能力を知り、仕事や趣味にそれを生かして、楽しみながら生きていけるようになるでしょう。

モンテッソーリ教育の考え方は、**誰でも家庭で取り入れることができます。**

決してむずかしい理論を知らなければならないとか、特別な訓練を受けた者にしか教えられないという教育ではありません。

私とモンテッソーリ教育との出会いは、実はもう30年以上前になります。

私は、日本航空CA、外資系英語スクールマネージャーなどを経験したのち、子どものための英会話スクールを作ろうと決意しました。

私が教育者への道を選ぶことになったのは、私のDNAが影響しているのではないかと思います。

と言うのも、私の親族は父方、母方ともに教師を生業にしている人が非常に多いのです。鹿児島出身の母の父親、つまり私の祖父も小学校の校長で、男尊女卑の考えが強かった当時の鹿児島で、「女性も仕事を持つべき」という革新的な考えを持っており、祖母も女学校の先生でした。

そのような環境もあり、子どもの英会話スクールを作ることになった際も、単に英語という言葉を教えるだけではなく、しつけやマナーも大切にしたスクールにしようと自然と考えました。

そして、モンテッソーリ教育やシュタイナー教育など、世界的な教育方法を導入し実践している幼稚園の方から話を聞き、また本を読み漁り、良いところを取り入れてきました。

まもなく30年を迎えるスクールですが、最初の18年は英会話スクールとして、２歳から高校生まで１０００人以上の生徒を抱えていた時期もあります。

後半の12年は、現在に至るまで、英語の幼稚園型スクールとして、「一人一人を尊重する」という考え方や、異年齢の縦割り保育など、モンテッソーリ教育の考え方を取り入れて教育を行ってきました。

この本では、私のスクールが取り入れているモンテッソーリ教育や、家庭での取り入れ方を、できるだけ詳しくご紹介しています。

また、私のスクールは、モンテッソーリ教育のやり方ではなく、独自のやり方をしている部分があるのですが、それは海外の教育法であるこの教育法を、日本人にあった方法で取り入れたいと考えているからです。詳しい理由は第4章でお話ししますね。

モンテッソーリ教育の素晴らしさを十分理解したうえで、ある意味中立的な立場で、モンテッソーリ教育をご紹介していると言えるかもしれません。

モンテッソーリ教育をぜひ取り入れたいという親御さんはもちろん、モンテッソーリ教育に興味はあるけれど、全面的に取り入れることには不安を感じている、という親御さんにも、参考にしていただけるのではと思います。

さあ、あなたも、藤井聡太四段をはじめ、多くの才能を生み出しているモンテッソーリ教育を、家庭で取り入れてみませんか？

第1章では、主にモンテッソーリ教育の考え方を、第2章では具体的な内容を、できるだけ正確にご紹介しています。

第3章では、モンテッソーリ教育を家庭で取り入れる方法や、親の心構えをできるだけ具体的に書いています。

第4章では、中立的な立場から、私が実感しているモンテッソーリ教育のメリットや不安点、日本的な教育とのバランスのとり方、子どもに合った幼稚園の選び方、さらにモンテッソーリ教育以外の欧米の教育法も少し紹介しています。

お役に立てれば嬉しいです。

モンテッソーリ教育で伸びる子を育てる！　もくじ

第1章　モンテッソーリ教育ってどんなことをするの？

第2章　モンテッソーリ教育が重視する道具と環境

第3章 モンテッソーリ教育の考え方を家庭で取り入れる方法

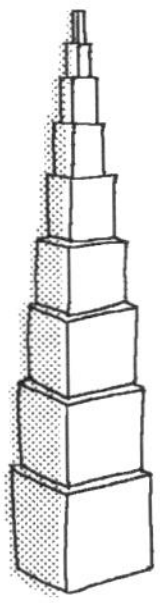

第4章 モンテッソーリ教育のメリットと不安点、その解消法は？

第1章
モンテッソーリ教育ってどんなことをするの？

1・モンテッソーリ教育で子どもの才能が伸びるわけ

藤井聡太四段は将棋の天才と言われていますが、モンテッソーリ教育では、他にも多くの才能あふれる人々を輩出しています。

なぜ、モンテッソーリ教育で、子どもの才能を伸ばすことができるのでしょうか？

その大きな理由は何と言っても**「一人一人を尊重している」**ということでしょう。

「一人一人を尊重する」ということは、その子の個性や特性を大事にするということです。

いつもみんなと同じことをしなければならないとか、みんなと同じペースで進むことがよい、とされるような日本式の教育や風潮とは違いますね。

何でも平均的にできるようにしようというのが、日本式教育。学校では個々人の能力を伸ばすというより、全体の底上げに重きが置かれているような気がします。

何でも平均的にできるようにしようとすると、子どもが興味を持とうが持つまいが関係なく、授業は進められていきます。

個々の子どもの興味や特性や理解力の差などは考慮されません。

たとえば、子どもが「絵」が好きで得意でも、「歌」も「工作」も「体操」も同じようにできるようにしようとします。

このことは、実は、子ども自身が自分の能力を知り育てる妨げにもなっています。なぜなら、「これ面白い！」と興味を持っても、それを深く追求させてはもらえないからです。

たとえ興味を持っても、実践する機会がなければ能力は育ちません。

モンテッソーリ教育で子どもの才能が伸びるのは、**個別活動で、自分の興味のあることを、好きなだけさせてもらえる**から。

自分の興味のあることだから、集中してやれますし、失敗を気にしません。

失敗を恐れず集中してやれるから集中力が身に付き、うまくいくまで頑張れます。

自分の興味のあることを長く続ければ、深く理解できるようになり、技術が身に付いていきます。

深く理解し技術が身に付けば、それが自分の得意や強みになっていきます。

自分に「これ！」という強みがあれば、当然それを仕事や自身の活動に生かしますね。

自分が好きなことであり得意なことですから、さらに集中して探求していくことでしょう。

子ども時代に、「自分が没頭できるもの」を見つけ出せることは、とても幸せなことだと思いませんか？

モンテッソーリ教育で、各界で活躍する人物が生み出されることに、なんの不思議もありませんね。

2・モンテッソーリ教育を受けた有名人は?

日本では藤井聡太四段が受けていたとして話題になったモンテッソーリ教育ですが、**世界の有名人の中にもモンテッソーリ教育を受けた人が大勢いる**ようですので、ご紹介しておきましょう。

ウィリアム・ヘンリー王子

オバマ大統領

ビル・ゲイツ

モンテッソーリ教育を受けた世界中の有名人

名前	職業	国籍
ウィリアム王子	英国王室	イギリス
ヘンリー王子		
ジョージ王子 （ウィリアム王子の長男）		
バラク・オバマ	前アメリカ大統領	アメリカ
ビル・ゲイツ	マイクロソフト創業者	アメリカ
マーク・ザッカーバーグ	Facebook 創業者	アメリカ
ラリー・ペイジ	Google 創業者	アメリカ
セルゲイ・ブリン		アメリカ
ジェフ・ベゾス	Amazon 創業者	アメリカ
ピーター・ドラッカー	経済学者	オーストリア
キャサリン・グレアム	ワシントン・ポスト経営者	アメリカ
ジョージ・クルーニー	映画俳優・監督	アメリカ
ジミー・ウェールズ	ウィキペディア創設者	アメリカ
ヨーヨー・マ	チェロリスト	アメリカ

ヨーヨー・マ

ドラッカー

モンテッソーリ教育を受けた世界的に著名な人に、圧倒的にアメリカ人が多いのは、人口の多さや、モンテッソーリ教育を行っている幼稚園の数が多いからとも言えます。

モンテッソーリ教育を行っている幼稚園は、アメリカ国内に５０００か所以上もあります。

またオルタナティブ教育やイノベーター教育と言って、既存の教育手法からの脱皮を目指す風潮から、小学校や中学校も今も増え続けているようです。

モンテッソーリ教育を受講した人数も、日本人の比ではありませんから、単純に比較することはできませんが、ＩＴ関連が多いというのは時代を象徴していますね。

モンテッソーリ教育を取り入れることで、あなたのお子さんも歴史に名を残す人物となるかもしれませんよ。

3・モンテッソーリ教育の創始者 マリア・モンテッソーリってどんな人？

それでは、このモンテッソーリ教育はどのようにして生まれたのでしょうか？

モンテッソーリ教育の創始者**マリア・モンテッソーリは、1870年生まれのイタリア人で、イタリアで初めて医学博士となった女性**です。

現在のように女性に広く門戸が開かれていた時代ではありませんから、とても優秀な女性だったのでしょう。

モンテッソーリは、ローマ大学卒業後、フランスの医師セガンのもとで、知的障碍児の教育に携わっていました。

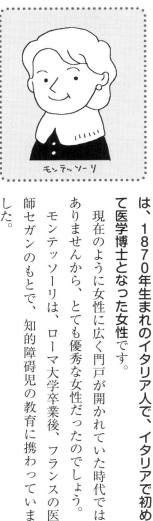

当時のイタリアは、急激な都市化で多くのスラムができ、失業や犯罪や非行などが大きな社会問題になっていました。

そこで政府は「ローマ優良建築協会」を設立、貧困層のためのアパートを建設し、そこに**「子どもの家」**という保育所を設けたのです。

ただし、当初の保育所の目的は、保護者が仕事で不在の間に、新築の家屋が子どもに汚されたり、傷つけられたりすることを防ぎ、保護者が安心して就労できるようにすることだったとも言われています。

子どもの教育が目的というより、新築の家を守るためというのは、ちょっと笑えてしまいます。いつの時代も子どもがいたずら好きなのは同じですね。

1907年にモンテッソーリは、その「子どもの家」の監督指導を任され、障碍児教育で培った自分の教育理論を実践し、大きな成果を上げました。

そして、1909年に彼女が記した**『子どもの家の幼児教育に適用された科学的教育の方法』**が**『モンテッソーリ・メソッド』として世界で注目を浴びることになった**のです。

子どもを一個の人格的存在として尊重する彼女の教育法は世界に大きな影響を与えました。

晩年には、平和と子どもの尊厳を守る運動を展開し、ノーベル平和賞の候補にもなりましたが、１９５２年にファシズムを逃れて移り住んだオランダで亡くなりました。

その墓石には、「愛する全能の子らよ、人類と世界平和のために、私と力を合わせよう」という文言が刻まれています。

激動の時代に、平和を願い、子どもを愛したモンテッソーリの思いが伝わってきます。

4・モンテッソーリの教育思想って？

モンテッソーリは、「子どもは生まれながらに、自ら成長発達する自然のプログラムと力が備わっており、適切な環境と援助が与えられるならば、自分自身で積極的に成長を遂げる存在である」と言っています。その考えをさらに具体的に言うと、次のようになります。

○子どもは本来興味・関心のあることには集中できるものである。注意力散漫になるのは、子どもが真に求めている活動を大人が阻害しているからである。

○人間の感覚器官は適切に働かせることによって発達する。幼児期には感覚器官を働かせる様々な練習が重要である。

○正しい幼児理解は、子どもの自由を保障することから始まる。
子どもは大人に秩序をおしつけられることによって無秩序となり、作業を強制されることによって怠惰となり、服従を強いられることによって反抗的になる。
○乳幼児期は物事を集中的爆発的に吸収する敏感期で、敏感期には言葉の敏感期、運動の敏感期、感覚の敏感期、秩序の敏感期、文字の敏感期、数の敏感期などがある。
○教師は、子どもが自発的に成長できるように導くこと。
子どもが自由に活動できるように、また自分でできるように見守り、必要な場合にのみアドバイスを与えたり、励ましたりという、適切な指導を行う援助者であるべきである。

単なる労働力としか見られなかった貧困層の子ども達にとって、モンテッソーリのような指導者に出会えたことは、本当に幸せなことだったと思います。

5・モンテッソーリ教育の基本とは？

モンテッソーリは教育の目的を、**「自立していて、有能で、責任感と人への思いやりがあり、生涯学び続ける姿勢を持った人間に育てること」**としています。

この目的を達成するために、モンテッソーリは、子どもを観察して得た自らの理論を実践できる、数々の教具（今の知育玩具のようなもの）を開発しています。

そして、「子どもの家」では、子ども達が自発的に活動できる自由を保障し、「整えられた環境」を与えました。「整えられた環境」とは、次のような要素を満たすものです。

○使ってみたい、やってみたいと思わせる面白そうな教具があること
○子どもが自分で自由に教具を選べること

○社会性が育つよう、異年齢の混合クラスであること
○子どもの自己形成を援助するための適切な教師がいること
○一人一人の子どもに適した環境整備であること

これらの条件で環境を整えて、**感覚**、**言語**、**数**、そして**文化教育**などを与えました。

また、自立を目指していることから、モンテッソーリ教育では**日常生活の練習**も大切な要素となります。日常生活の練習には、立ち方、座り方などの基本的動作、挨拶などの社交的なふるまい、水のやり方や床の磨き方といった環境への配慮や、手の洗い方や靴の磨き方といった自己への配慮などがあります。

そして、幼児期は大人がする日常生活の真似をしたがる「模倣期」であり、感受性が特に高まる「身体の発達と運動の敏感期」であるため、この**模倣期と敏感期を利用して、秩序だった動き方、身のこなし方などを伝えます**。

そうして、子どもは、自分の意思通りに動く身体を持ち、自分のことが自分でできるようになり、自立心や独立心が育つとされています。

6・モンテッソーリ教育の特徴は？日本の幼稚園とどこが違うの？

モンテッソーリ教育の方法は、カトリック系の幼稚園などでは取り入れているところも多くなり、日本でも知られるようになりましたが、一般の日本の幼稚園のやり方とは、ずい分違っています。

この違いを見ることは、家庭ではどのようにモンテッソーリ教育を取り入れるかのヒントになるはずです。特に大きな違いを二つ見てみましょう。

①個別活動

先にも少し触れましたが、モンテッソーリ教育の大きな特徴の一つは、**子ども達が自分のやりたいことを自由にできる**ということでしょう。

日常生活の練習コーナーでも、言語や数のコーナーでも、自分が興味を持ったコーナーへ行き、自由に活動できるのです。

また、そこで過ごす時間も制限されることはなく、自分が納得するまで過ごすことができますし、逆に、どんどん違うコーナーに移動して多くの活動を行ってもいいのです。

子ども達の自発的な活動を尊重します。

同じ空間で過ごしても、みんなに同じことをさせるということはありません。

日本の幼稚園では、設定保育として、クラスの子ども達に同じアクティビティを体験させることが多いです。

② 異年齢混合クラス

モンテッソーリ教育のもう一つの大きな特徴は、異年齢児が一緒に学ぶ混合クラスだということでしょう。

日本の幼稚園では、年少、年中、年長と年齢によってクラスが分けられていますが、モンテッソーリ教育では、3歳児から6歳児まで一緒に過ごします。

これにより、**小さい子どもは大きい子どもの活動を見て学ぶことができ、大きい子どもは小さい子ども達の世話をすることで、互いに学び合える**としています。

この点では、幼稚園より保育園に近いと言えます。

この大きな二つの違いから、日本の幼稚園とは、教室のレイアウトや授業のスケジュールなどがまったく違ってくるのです。

7．モンテッソーリ教育の先生が気をつけている子どもとの接し方とは？

モンテッソーリ教育を行っている幼稚園には、モンテッソーリの教育理論を正しく理解した教員が必要不可欠とされています。

そこで、モンテッソーリ教師としての免状があるのですが、日本では、国際モンテッソーリ協会が認定する国際免許と、日本モンテッソーリ協会や日本モンテッソーリ教育総合研究所などが発行する、日本独自の免状や資格証があります。

それぞれ、対象の子どもの年齢ごとに免状が発行され、履修期間は1～2年です。

モンテッソーリ教育の先生がどのように子どもと接するのかを知ることは、家庭でモンテッソーリ教育を取り入れる上でも参考になります。これは、モンテッソーリが記した、**「教師の心得12か条」**を見るとよく分かると思いますので、紹介したいと思います。

「教師の心得12か条」

「おかあさんのモンテッソーリ」（サンパウロ／著：野村 緑）より

①環境に心を配りなさい。

②教具や物の取り扱い方を明快に正確に示しなさい。

③子どもが環境との交流を持ち始めるまでは積極的に、交流が始まったら消極的になりなさい。

④探し物をしている子どもや、助けの必要な子どもの努力を見逃さないよう、子どもを観察しなさい。

⑤呼ばれたところへは駆け寄り、交歓しなさい。

⑥招かれたら、耳を傾け、よく聞いてあげなさい。

⑦子どもの仕事を尊重しなさい。質問したり、中断したりしないように。

⑧子どもの間違いを直接的に訂正しないように。

⑨休息している子どもや他人の仕事を見ている子どもを尊重しなさい。仕事を無理強いしないように。

⑩仕事を拒否する子ども、理解しない子ども、間違っている子どもは、たゆまず仕事への誘いかけを続けなさい。

⑪教師を探し求める子どもには、そばにいることを感じさせ、感づいている子どもには隠れるようにしなさい。

⑫仕事がすんで、快く力を出し切った子どもを静かに認めながら現れなさい。

いかがですか？　教育のスタイルが違うわけですから、日本の幼稚園の先生とは、指導の仕方がまったく違いますね。

日本の幼稚園やこども園では、クラスの子ども達に同じ活動をさせることがほとんどです。

お絵描きタイムでは、一斉にお絵描きをさせ、お遊戯ではみんなで歌ったり踊ったりさせます。歌が嫌いな子にも歌わせ、工作が苦手な子にも、同じように作品を完成させてやらなければなりません。

ですから、日本の幼稚園の先生は、大勢の子ども達をいかにまとめるか、いかに自分の言うことを聞かせるかが重要になります。**日本の幼稚園の先生は子どもを引っ張っていく**という感じでしょうか。

一方、モンテッソーリ教育の先生は、大勢の子どもに一度に同じことをさせるわけではありませんから、大声で指導したり自分に注目させる必要はありません。

子ども一人一人の自主性を大事にするということですから、個々の子ども達の作業を見守るということになります。

ウロウロして行き場に迷っている子に声をかけたり、お仕事をうまくやれない子にやり方を教えたり、常に移動しながら、静かに面倒をみます。

モンテッソーリ教育の幼稚園の先生は子どもをサポートする、押すという感じでしょうか。

教育のスタイルが違うわけですから、日本の幼稚園の先生とは、指導の仕方がまったく違います。ですから、モンテッソーリ教育を行っている幼稚園などでは、モンテッソーリ教師としての資格を必要としているのです。

ご家庭で取り入れる場合は、資格まで取る必要はありません。親御さんが取り入れやすいようにこの12か条をアレンジした「親の心得８か条」を３章でご紹介しますので、それを参考に子どもと接してあげると良いでしょう。

8・モンテッソーリ教育って何歳まで？

モンテッソーリ教育は、もともと幼児を預かる保育所「子どもの家」からスタートしていますので、**主に0歳から6歳くらいまでの乳幼児が対象と思われますが、欧米ではモンテッソーリ教育を行っている小学校は数多くあり、中学校や高等学校もあります。**

本来は24歳までを対象としていますが、モンテッソーリの時代と比べると、人間の精神的成長のスピードは上がっていると思うので、今の感覚ではちょっと長すぎる気もします。

モンテッソーリがイタリア人であることや、子ども一人一人の個性を尊重するという点では、個人主義の欧米社会では非常に受け入れられやすかったと思います。

日本では、義務教育ではない幼稚園などでは、モンテッソーリ教育を取り入れているところも増えていますが、学校法で規定されているモンテッソーリ教育を行っている小学校は、公立でも私立でもまだありません。

一部で私塾としてや、モンテッソーリ教育を取り入れている幼稚園が、学童保育として、小学生を受け入れている程度です。

ですから、日本では一般的にモンテッソーリ教育は、幼児教育と認識されています。

さて、これまでのお話で、モンテッソーリ教育とはどんな教育なのか、だいたいお分かりいただけたでしょうか？

では具体的には、いったいどのような教育が行われるのかを、第2章でお話ししたいと思います。

第2章
モンテッソーリ教育が重視する道具と環境

1・モンテッソーリ教育の環境づくり

第1章ではモンテッソーリ教育の理念についてお話ししてきましたので、ここからは、モンテッソーリ教育はどのように行うのかを具体的にお話ししていきたいと思います。

この第2章では、モンテッソーリ教育の幼稚園などで取り入れられている環境づくりや、道具について紹介していきます。

続いて第3章で実際に家庭で取り入れるための方法をお話ししますので、とにかく自宅で実践してみたいという方は第3章から読まれても良いでしょう。

まず、モンテッソーリ教育の目的である「自立していて、有能で、責任感と人への思いやりがあり、生涯学び続ける姿勢を持った人間に育てること」を実現させるために、モンテッソーリが与える「整えられた環境」とは具体的にはどのようなものでしょうか？

モンテッソーリ教育の「整えられた環境」とは、第1章で紹介しましたが、次の通りです。

○使ってみたい、やってみたいと思わせる面白そうな教具があること
○子どもが自分で自由に教具を選べること
○社会性が育つよう、異年齢の混合クラスであること
○子どもの自己形成を援助するための適切な教師がいること
○一人一人の子どもに適した環境が整備されていること

子どもの自主性を重んじるモンテッソーリ教育では、まずは**子どもが興味を持つような教材や道具が必要**とされます。それらをモンテッソーリ教育では、**「教具」**と呼んでいます。

いろいろなコーナーに置かれた様々な教具。子どもは、使ってみたいと思う教具を見つけると、その教具で自由に活動することができます。

せっかく買ってきたりプレゼントされたおもちゃが、子どもになかなか遊んでもらえなかったということはありませんか？

子どもは自分で選ぶことが好きです。そのため、大人から一方的に「これを使いなさい」と与えられた教具ではなく、自分で選んだ教具のほうが、当然ながら子どもは嬉々として集中します。

自分が選んだ教具で集中して活動しますから、その教具を使うことで学べること、言ってみれば隠された教育的意図が、達成されやすくなります。

子どもは勉強しているとは思っていないのです。ただ、好きなおもちゃで遊んでいるという感覚です。

大人でも、自分の好きなことや楽しいと思えることだと、すぐに頭に入ってきませんか？

私のスクールは、英語を身に付けさせることも目的なのですが、子どもに「楽しい」と思わせることを非常に大切にしています。

ですから、英語を教えるのは、ほとんどは遊びのようなゲームを通してです。

子どもはゲームだと思っていますから、楽しんでやります。楽しんでやっていますから、緊張もしませんし、失敗も恐れません。

モンテッソーリ教育では、自分で好きな教具を選ばせることによって、子どもの「楽しい！」という気持ちを大事にしているのです。

好奇心旺盛な子どもは、いろいろなコーナーへ行っていろいろな教具を使ってみるでしょう。

気に入った教具があれば、そこでずっと過ごしてもいいし、あちこち移動しても構いません。

成長期の子どもにとっては、場所を移動しながらお仕事を選択することも身体と脳をしっかり使っていることになります。

気に入った教具を使うことも、また延々と同じことばかり繰り返していたとしても、すべての活動が脳や身体の発達につながっているのです。

ですから、**どのコーナーであっても、子どもの発達に必要なことをしている**ことになります。

そうしているうちに、幼児期に必要な様々な知識や知恵が、自然に身に付くというわけです。

2・モンテッソーリの教具ってどんなもの？

モンテッソーリ教育では、たくさんの教具を使うとお話ししましたね。
モンテッソーリ教育の教具は、次のような基準で作られています。

○子どもが手に取りやすいサイズであること
○色や形が魅力的で子ども達が手に取ってみたいと思うもの
○教具の数は1セットずつとし、他の子が使っていた場合は順番を待つ必要があること
○おもちゃではなくできるだけ本物（ガラス、銀、銅、木）であること
○上質で清潔であること

さらに、モンテッソーリ教育の教具は、その教育的効果にもこだわりを持っています。たとえば、パズルであれば、三本の指で持てる取っ手をつけ、指を使うという技術的効果と、正しい位置に配置するという概念的効果があります。

また、色や柄など複数の性質の違いがありすぎると子どもが混乱するので、性質の違いは一つにする（性質の孤立化）とか、すべてが正しい位置でなければ完了しないため、子どもが自分で間違いに気づけるように（誤りの訂正）、すべてが正しい位置でなければ完成しないように作られたりしています。

具体的には次のような教具があります。

モンテッソーリ教育の教具①

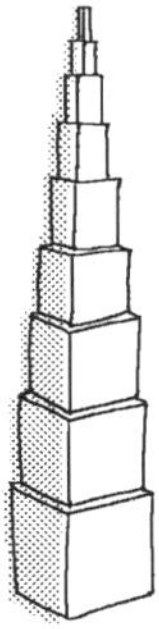

ピンクタワー（pink tower）

一辺１ｃｍずつ大きさの違う 10 個の立方体。順序良く積み上げることで微妙な大きさの違いや体積の違いに気づき、また、集中力や観察力などの訓練になります。いろいろな応用が効きます。

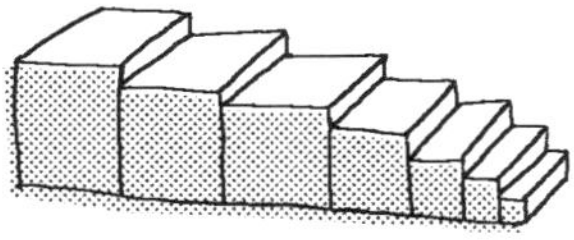

茶色の階段（broad stair, Brown Stair）

横幅は同じで一辺が１ｃｍずつ短くなる茶色い直方体が 10 個。順番に並べると階段状になります。微妙な高さの変化に気づいて並べることで、太さや大きさの違いなど数学的な感覚を養います。ピンクタワー同様いろいろな応用が利く代表的な教具です。

モンテッソーリ教育の教具②

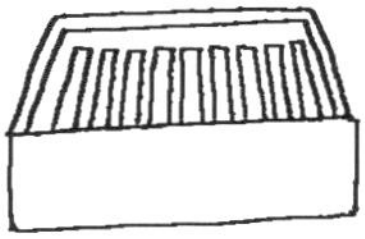

色板 (Color tablets)

文字通り色を識別するための教具。色そのものを覚えたり、色の濃淡や明度に気づき、色彩感覚を磨きます。

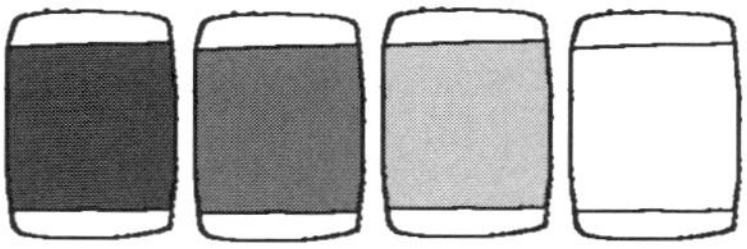

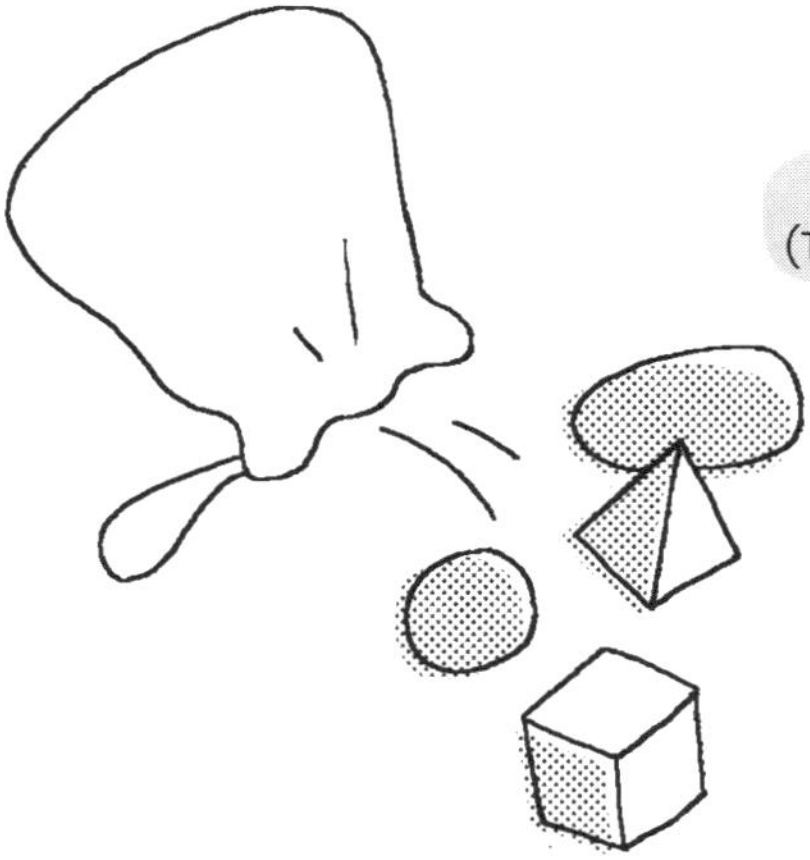

実体認識袋 (The mystery bag) & 幾何学立体 (Geometric solids)

袋の中に、いろいろな形のものを入れて、手探りで当てさせます。同じ形のものを二つずつ入れて、見つけ出させたりして、指先の感覚を養います。袋に入れるものには、円柱、円錐、直方体、三角錐などがあります。

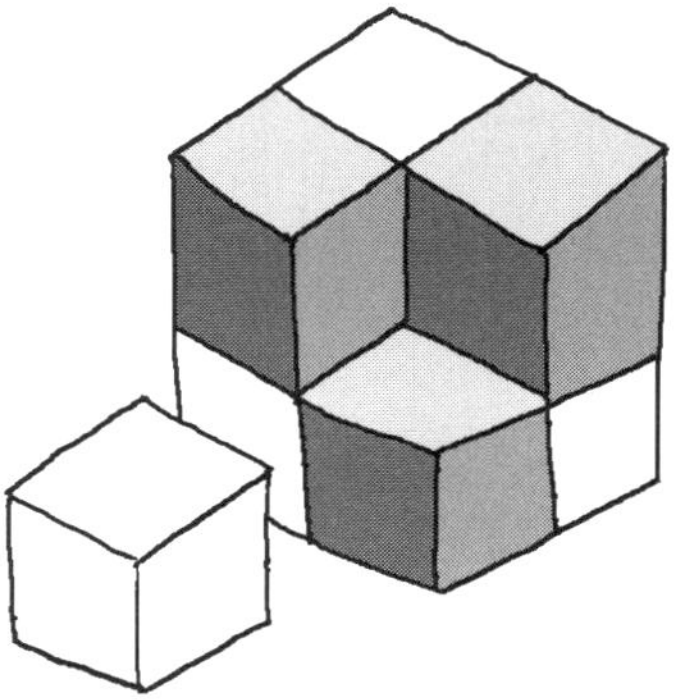

二項式 (binomial cube)

色合わせのパズル感覚で学べるキューブ式の教具です。2項式は2段重ねですが、3段重ねになっている3項式というものもあります。立体的な3次元を感覚的に学べ、2乗3乗という代数の理解につながります。

モンテッソーリ教育の教具③

温感板

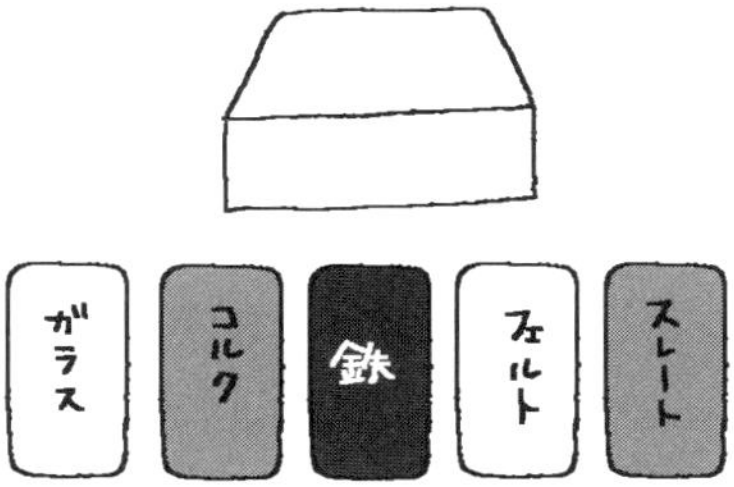

温覚板は材質によって温かさが異なることを体験させる6種類の材質の異なる板が2枚ずつあり、目隠しをして同じ材質をあてさせたりします。
似たような教具として「温感筒」という教具があります。これは熱い・温かい・ぬるい・冷たいという温度感覚を学べるもので、ねじ込み式の蓋がついている小円筒4本2セット。同じ温かさでペアにさせたり順に並べさせたりします。

音感ベル（Bells）

16個のベルがあり、それぞれ台座に取り付けられています。ベルは「ドレミファソラシド」の8音が2セットあり、各セットによって台座の色が異なるため、音階順に並べたり、同じ音をペアにして遊ぶことで音感を鍛えることができます。

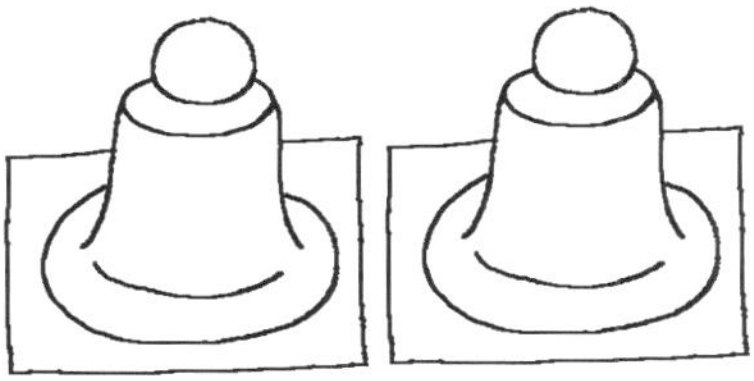

幾何タンス（Geometric cabinet）

タンスのような引き出しに、円や三角、四角、台形などいろいろな図形のパズルが組み込まれています。様々な形があることを知り、マッチングをさせることで、指先の訓練や集中力や観察力を鍛えます。

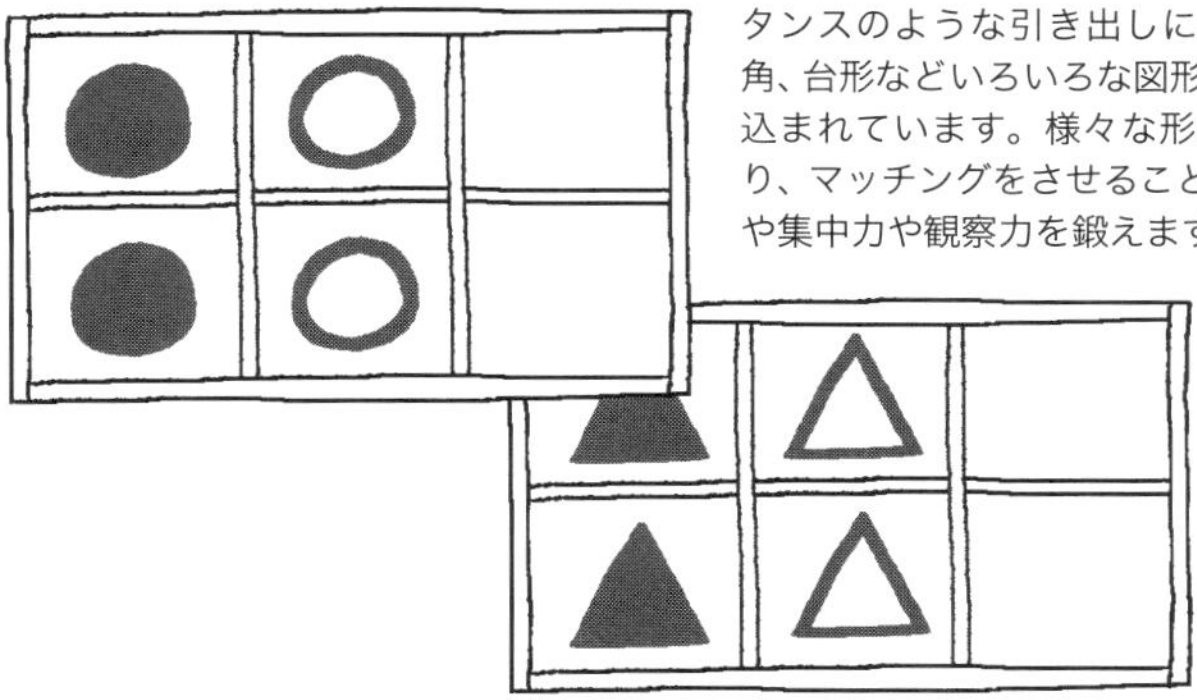

そのほかにも、

○長さの棒（red rods）………10センチから100センチまで10センチ単位で長くなる10本の棒を比べることで、長さの変化が体験できる
○数の棒（Spindle box）………10センチ単位で長くなる10センチごとに着色された10本の棒で、長さの感覚を数値に結び付けて数が分かるようになる
○構成三角形（constructive triangles）…三角形の組み合わせで様々な形が作れる
○触覚板（Rough and smooth boards）…ざらざらツルツルなどの感覚が体験できる
○円柱さし（cylinder blocks）………つまみのついた、高さは同じだが大きさの違う円柱が収まったブロック。微妙な大きさの違いに気づき正しい穴に円柱を収めることで大きさの違いや重さの違いに気づく
○重量板（Baric tablets）………手のひらに載せて重さ比べができる
○雑音筒（Sound cylinders）………違う中身が入った筒を振って音を聞き分けることができるようになる
○味覚びん………………味付きの液体を比べることで味覚の識別がで

きるようになる

○嗅覚筒……………………違う臭いのものを入れて比べさせることで臭いの識別ができるようになる

など、様々な教具があります。

科学的に考えられたこれらの教具は、ちょっと専門的な名称がついていますが、家庭でのモンテッソーリ教育に、これらの教具が必ず必要かというと、決してそんなことはありません。

今市販されているような知育玩具は、これらの教具を参考にしたと思われるものもたくさんあります。

モンテッソーリの時代は、今のようにものが豊富ではなく、当然子ども向けのおもちゃなどほとんどない時代でしたから、このような教具が必要だったのです。

でも、今はものが溢れていますね。家にあるもので代用できます。それについては第3章で詳しくお話しします。

3・モンテッソーリ教育ではどんなことをさせるの？

では、モンテッソーリ教育では教具を使いながら、具体的にどのようなことを身に付けさせていくのでしょうか？

第1章でモンテッソーリは、感覚、言語、数、文化および、日常生活の教育を行ったとお話ししました。モンテッソーリ教育では、日常生活の練習も、感覚や言語教育なども、**子どもが自主的にするすべての活動を「お仕事」と呼んでいます**。そのお仕事を通じて、様々な能力を身に付けさせるのです。

アメリカや日本のモンテッソーリ教育を行っている幼稚園や、実際に子どもにモンテッソーリ教育を受けさせているお母さん達の話を参考に、具体的なお仕事の内容を見ていきましょう。

お仕事1

日常生活の練習って？

モンテッソーリ教育は、自立させることを目標にしています。

自立とは、自分の身の回りのことが自分でできるということ。それには衣類の着脱や食事やトイレが自分でできるということはもちろんですが、モンテッソーリ教育では、幼児期の子どもにも次のような身近な家事をさせます。

○野菜や果物を切るといった料理
○じょうろやピッチャーを使った水などを注ぐ行為
○食器やざるなどの調理器具を洗うこと
○金・銀食器の手入れ
○洗濯やそれを干すこと
○衣類やタオルなどを畳むこと・アイロンがけ
○ほうきと塵取りを使った掃除や拭き掃除

また、立ち方・座り方や歩き方、挨拶の仕方、他の人を助けたり親切にするといった社交的なマナーも重要視しています。

お仕事2　感覚、言語、算数、文化教育ってどんなもの？

●感覚教育

感覚教育とは、視覚（見る）、聴覚（聴く）、嗅覚（匂う）、触覚（触る）、味覚（味わう）といった五感を刺激して鍛えるということです。

モンテッソーリは、幼児期にこの五感が著しく発達することに気づいたのです。

モンテッソーリ教育の教具には、形や色の違ったもの、大きさや太さの違ったもの、重さや硬さの違うものや、量の多さの違いや音の高さの違いに気づかせるものなどがあります。

それらを使って、同じ形や色のものをペアにしたり、大きい順や小さい順に並ばせたり、重さを比較させたりします。

先ほどご紹介した教具にもこのようなものが多かったですよね。

感覚教育は、感覚を刺激することによって、抽象的な概念を理解させ、もの事を考える方法を身に付けさせることを目的とします。

●言語教育

モンテッソーリは、「コミュニケーション能力は社会生活の基礎であり、思考を伝えるための道具である言語は、人間にとって大切なものである」と言っています。

モンテッソーリは子どもの言語発達について、「名称（名詞）を知ることから始まり、その性質に関する単語（形容詞）に移り、ものの関係を表す単語（動詞・助詞）に及ぶ」と考えました。

言語教育では、絵カード、文字カードなど、それぞれの発達段階に即した教具を使い、「話す」「読む」「書く」の作業を通じて語彙を豊かにすることを目指し、最終的には文法や文章構成へと進みます。

たとえば、〝りんご〟という単語を覚え、次に〝赤いりんご〟〝丸いりんご〟〝甘いりんご〟などを理解し、最後に〝りんごを食べたい〟〝りんごはおいしい〟などと言った文章を組み立てていくことができるようになる、ということでしょう。

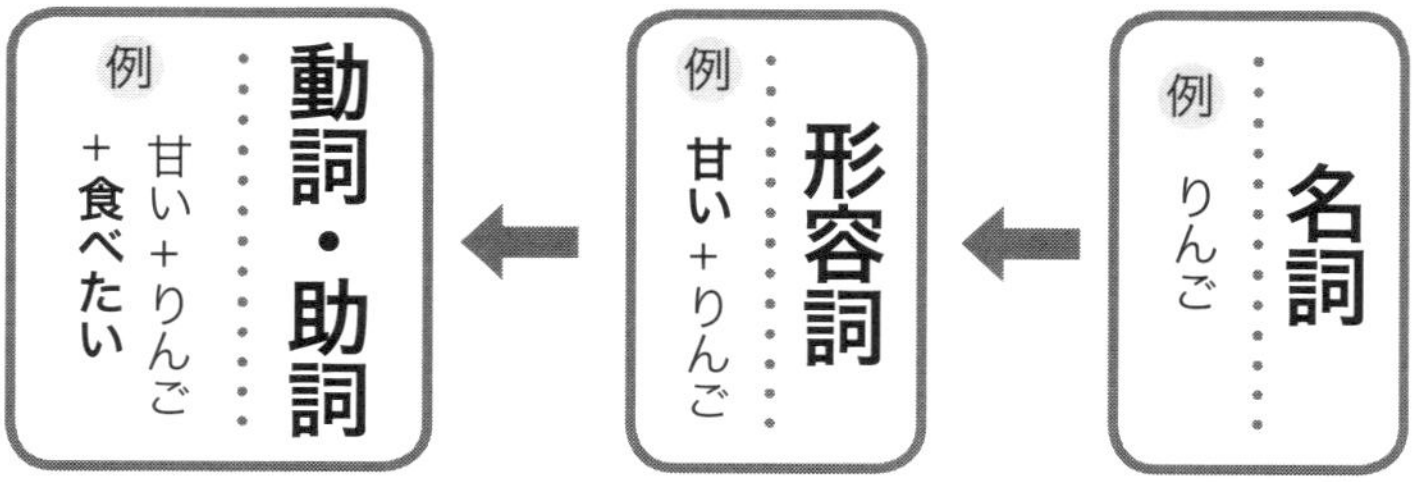

●算数教育

算数教育では、具体的な認識から抽象的認識へと理解を深めることを目指しています。

抽象的、論理的な思考が必要になる算数教育で、モンテッソーリ教育は、具体的に感覚でとらえることのできるものを「量物」、量を言い表すための「数詞」、書き表すための記号である「数字」の三つの形態に分け、これら三つが一致して初めて、数量的概念を身に付けたと判断します。

さらに、具体的な基礎から、段階を踏みながら十進法の理解や数式、掛け算割り算などの抽象的概念へと進んでいくのです。

分かりやすく言うと、子どもはまず目に見えるものから理解していきます。「今ものがいくつあるのか」というような目に見えるものを理解する段階から、実際その場にはなくても、「あといくつあれば、友達と仲良く分けることができるのか」というような、頭の中で考える段階へと進むのです。

具体的な認識
(量物・数詞・数字)

例
1・2・3…という数がある
1に1が加わると2になる
りんごが1つと1つで2つある

←

抽象的な認識
(十進法・数式・計算)

例
1つのりんごを8つに切った場合、4人で分けると2切れずつになる

●文化教育

文化教育は、植物学、動物学、地理、歴史、道徳、宗教、音楽、体育、美術、また生命の神秘への興味や芸術など多岐にわたります。

モンテッソーリ教育の文化教育では、日常生活の練習、感覚、言語、算数教育の基礎の上に立って、「自国の地理的、文化的条件のもとで、先人が創り引き継いできた知識や生活様式を受け継ぎ、発展させていく」ための基礎を培うことを目的としています。

教具としては、絵本、太陽系の惑星の模型や地図、動植物のカードなどがあります。

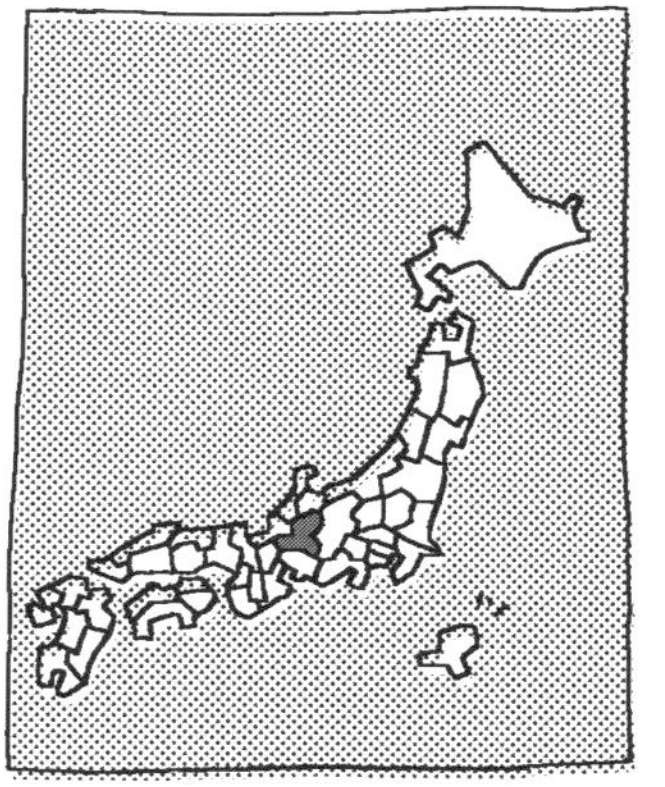

地図パズル

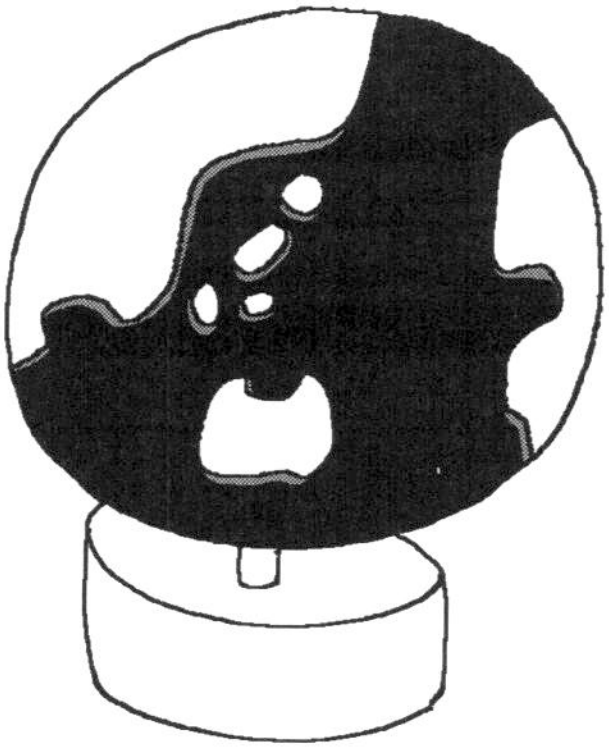

立体地球儀

以上がよく行われているお仕事です。

家庭での取り入れ方は3章でも詳しくご紹介しますが、もっと詳しく知りたい方は、You Tubeなどでも、モンテッソーリ教育を紹介している方がいらっしゃいますので、ご覧になってくださ い。

「モンテッソーリ」「モンテッソーリ園」「モンテッソーリ教育」などで検索してみてくださいね。

4・モンテッソーリ教育的な部屋の作り方

モンテッソーリ教育を行う幼稚園などは、ある程度の広さの部屋が必要とされます。

それは、**子ども達が自分の興味のあることが自由にできるようにするために、いろいろなコーナーを設ける**からです。

たとえば、日常生活の練習のためのスペースには、洗い物ができる洗い場や、洗濯物を畳んだりアイロンがけができるようなスペースが必要になります。

お絵描きをしたい子どものためには、大きな画用紙や絵の具を用意しておきます。

数を学ぶパズルや文字を学ぶカードで遊べるスペースや、自由にスナックが食べられるコーナーもあります。

あるコーナーでは床に直接座り、別のコーナーでは机やいすがセットされたりしています。

それぞれのコーナーに置かれた教具は、事前に教師が使いやすく準備し、きれいに整理整頓されています。

家庭では、リビングルームやキッチンやお風呂場やベランダなどが、それぞれのお仕事コーナーになります。

リビングに本を置いていればそこを読書コーナーに、クレヨンや画用紙を置いておけば、そこをお絵描きコーナーにすればいいのです。子ども用に小さな折り畳みテーブルを置くとか、小さなラグを敷いてその上に座るとか、段ボールで囲いを作ってあげるとかすれば、子どもは自分だけのスペースにいる気分になって落ち着けるでしょう。子どもはとにかく狭い場所が大好きですから。

日常生活の練習の場合は、洗濯物を干すとか畳むとかアイロンがけなどの仕事を、子どもと一緒にできるような場所を決めておくといいでしょう。

コーナーごとに目印のかわいいインテリアスティッカーを貼ったり、子どもの手が届く配置にしたり、カラフルな道具をそろえるなど、子どもが面白がったり楽しんでやれるような雰囲気作りを心掛けるといいでしょう。

モンテッソーリ教育に向いている家庭のレイアウト

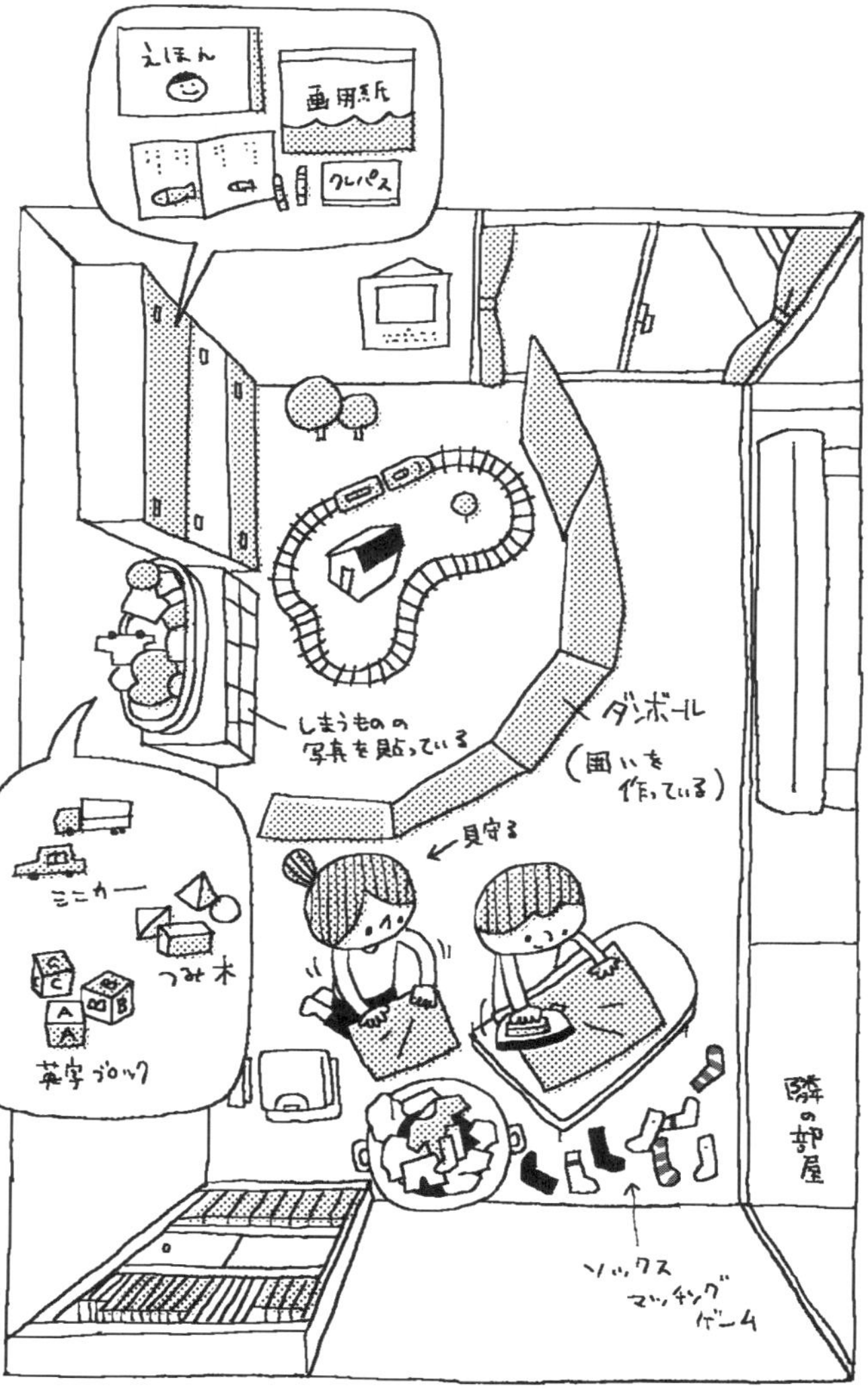

第3章
モンテッソーリ教育の考え方を家庭で取り入れる方法

1・モンテッソーリ教育は家庭教育にこそ向いている！　その理由は？

第1章、第2章で、モンテッソーリの考え方や教育方法などをご説明しましたが、いかがでしたでしょうか？

モンテッソーリ教育を、何かむずかしい理論や、特別な早期英才教育だと思っておられた方は、「あれっ？」と思われたかもしれませんね。

特に日常生活の練習の部分では、多くの人が思い浮かべる英才教育とは異なりますね。

第1章で、マリア・モンテッソーリは、当初知的障碍児の教育に携わり、その後、貧困層の子どもを預かる「子どもの家」で子ども達の指導にあたり、モンテッソーリ・メソッドを編み出したとお話ししましたね。

モンテッソーリ・メソッドは、エリート育成のためのメソッドではなく、むしろ社会から取り残されがちな子ども達のために考え出された教育法なのです。

マリア・モンテッソーリが生きた時代は、男は外で仕事、女は家庭で家事や育児を担うという役割分担がまだはっきりしていた時代です。

そんな時代に、家庭が貧しいために両親ともに働き、普通の家庭のようなしつけや教育が受けられない子どものために、編み出されたメソッドだとも言えるのです。

経済的に安定した家庭であれば、母親から教えられるであろう基本的なマナーや知識を、母親に変わって、保育所で教えていたということです。

ですから、教具を使った高度で専門的な知識は別として、モンテッソーリ教育の考え方自体は、特別な資格を持った教師にしか教えられないというものではなく、むしろ**家庭で母親が教えるのが一番理想的**かもしれません。

ただし、現代は、モンテッソーリの時代とは違う理由で、女性も外で働くことが普通になってきましたから、家庭でなかなかしつけや教育ができないというケースはあるかもしれませんね。

でも、幼児期に教えることは、毎日必ず長時間やらなければならないということはなく**お父さんやお母さんが仕事のお休みの日に、子どもと一緒にできることも多い**のです。

これから、ご紹介する内容は、モンテッソーリ協会などの公式機関が教師を通じて、モンテッソーリ教具を使って、子どもに指導するように定めているやり方そのままではありません。

最新の科学的研究なども参考にして、私のスクールで実践していることや、お勧めするやり方です。言ってみればモンテッソーリ教育のエッセンスを取り込んで、自分なりの味付けをしている方法です。ですから、きっと皆さんの家庭でもできると思います。

2・家庭でのモンテッソーリ教育にモンテッソーリ教具はなくても大丈夫！

モンテッソーリ教具は基本的には、モンテッソーリ教育を取り入れている幼稚園などで、資格を持った教師が教えるためのものであって、おもちゃではないという考えがあります。ですが、今、一般に販売されている知育玩具は、モンテッソーリ教育の理論を取り入れて作られているものも多いのでそれらで代用できます。

また、多くの場合、自宅にあるものを工夫して使うことでも代用可能です。

そのため、モンテッソーリ教具を買わなければできないということはありませんから、安心してください。

もちろん、本物のモンテッソーリ教具を使いたいということであれば、購入するのもいいでしょう。購入できるサイトを巻末で紹介していますので、ご希望の方は参考にしてください。

モンテッソーリ教育では、道具については本物を使うことを推奨しています。

モンテッソーリは幼児期を、なんでも大人の真似をしたがる「模倣期」だと言っています。掃除やアイロンがけなどお母さんがしている仕事を見て、子どもが「私もやりたい」とせがむことはありませんか？

もしかしたらお母さんにとっては、面倒な家事の一つかもしれませんが、子どもにとっては面白そうな道具を使った楽しそうな活動に見えるのです。

モンテッソーリ教育では、教具は子どもサイズでと言っていますが、家庭で取り入れる場合は、子どもが使えないほどの大きさや重さでなければ、家にあるものでいいと思います。

おもちゃのお玉ではなく本当にキッチンで使っているお玉や、実際に使っているほうきや塵取りなら、子どもはままごとやごっこ遊びではなく、実体験ができるわけです。

私はこの実体験がとても大きな意味を持つと考えています。

分かりやすく言うと、たとえば自動車の免許を取る時、教習所内の道路ではなく、必ず実際の道路を走りますよね。頭で分かっていても、実際に体験するとまったく感覚が違うということは多いのです。人がやっていると簡単そうに見えても、いざ自分がやってみるとすごくむずかしかったということもありますよね。

子どもにとっても、おもちゃと違って実際のものは大きいし重いし、お母さんが簡単そうにやっていることが、実はすごくたいへんでむずかしいことだと知ることになります。むずかしいから練習が必要だということも理解できるようになるのです。

私のスクールでも、知育玩具的なものはたくさんありますが、それ以外にも、**実際に使用していたキッチン道具などもたくさん使っています。**

ものが溢れている時代です。自宅にあるもので、モンテッソーリ教具に代用できるものはたくさんあると思います。それらを工夫して使うのも、楽しいものだと思います。

たとえば、使わなくなった大小の重箱は大きい順に積み上げると3段のタワーになりますし、その中に正方形のブロックを並べたり、水や砂を入れると、数や量の違いを知る教具になります。

大小さまざまな空き瓶やスプレーの蓋なども同様ですし、いろいろな色があれば、色を教える教具にもできます。

　洗剤に入っている計量スプーンは二つ合わせてテープで留めるとマラカスのような楽器にできます。お米やあずきやビーズなど中に入れるものを変えると音の大小や高低などを知ることができます。

　木箱や化粧缶なども手や棒でたたくと楽器になりますし、おしゃれに折り畳んである包装紙は、折り紙のヒントになりますね。

　何を触らせるにしても、目で見て指先を使い、どう使おうかと考えますから、子どもの脳の発達に役立ちます。

　思わぬ使い方をしているのを見て笑わされたり、子どものアイデアに驚かされることもあると思いますよ。ゴミとして捨てる前に、ぜ

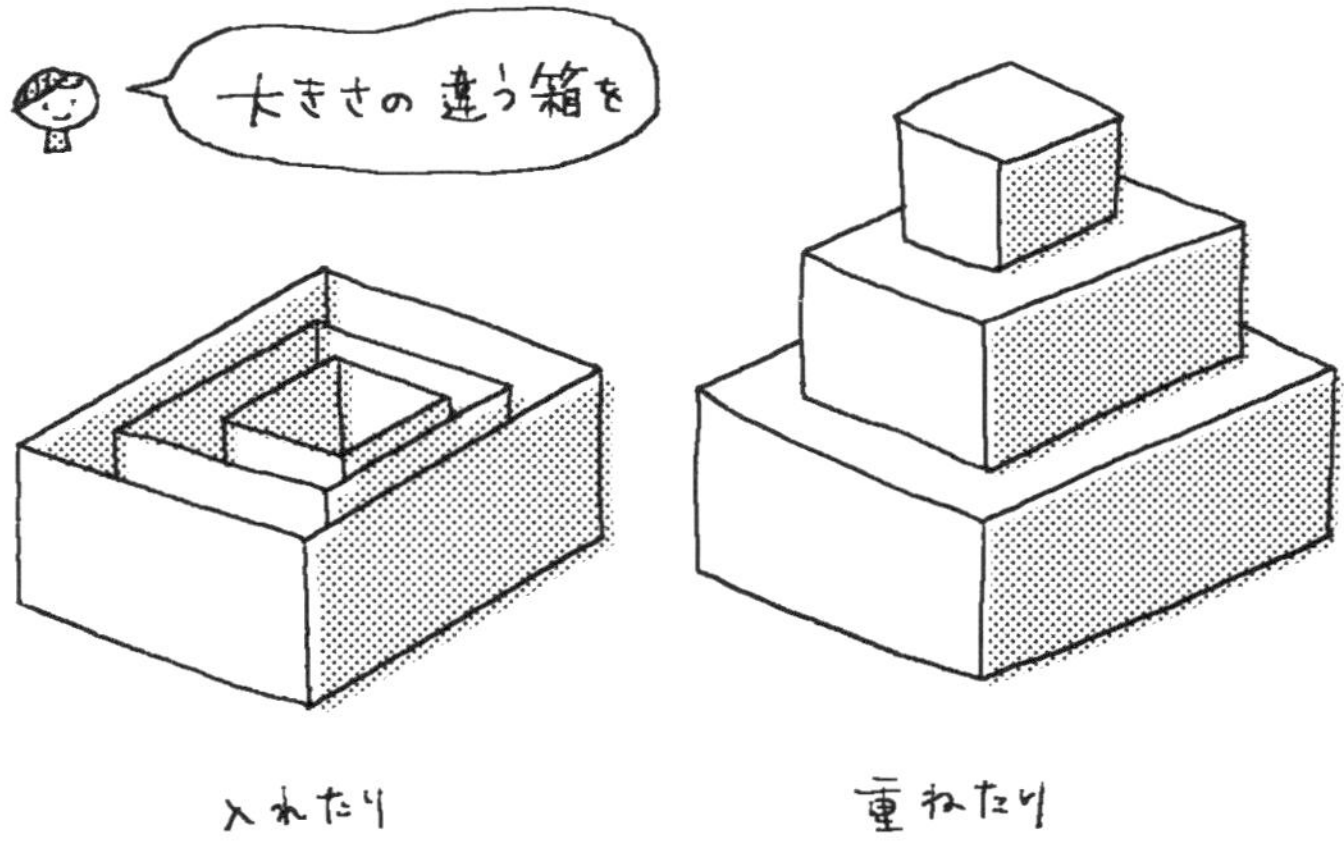

ひ子どもに与えてみてください。

まだ手先が上手に使えない子どもが、すぐに破ったり壊したりしても、どうせ捨てるはずのものなら、惜しくはないですよね。

また、実際に家庭で使っているものや使ったものなら本物ということになりますから。

大人でもつかんだり持てないようなものは避けた方がいいですが、自分の手に余るものをどうやってつかもうか運ぼうかと、子どもはいろいろ工夫します。

また、言語教育や数の教育に使うカードなどは、手作りも簡単にできます。

3・道具の選び方のコツ

モンテッソーリ教育を家庭で取り入れるのに、特別な教具ではなく家庭であるもので代用できるとお話ししましたが、どんなことに気をつけて、どんなものを選べばいいのか、さらに詳しくお話しします。

前の項でもご紹介しましたが、子どもにとっては、周りにあるものはなんでも面白そうな道具です。

私のスクールでは、たとえば化粧品についている小さなスポイトを、合わせ絵を作る時に絵具を溶かした赤や黄色などの色の液を吸って垂らすために使っていますし、ティッシュペーパーの箱やトイレットペーパーの芯もクラフトに使っています。

形の違う密閉容器は、蓋の開け閉めに力とコツが必要ですし、似たような形だけれど微妙に違うなんていうのは、入れ物と蓋のマッチングをさせる教具にもなります。

ソックスは、たくさんあればペア探しの教材になりますし、長さや太さの違うひもやリボンは結んだりほどいたりの練習のための教具になります。


ただ、なんでもかんでも子どもに与えればいいというわけではありません。まず何と言っても安全なものです。特に何でも口に入れてしまう1歳半くらいまでは要注意です。

また、幼児期はまだ、おもちゃを振り回したり、投げたりすることもありますから気をつけましょう。

避けた方がよいものを次のページにまとめましたのでご確認ください。

モンテッソーリ教育では本物を使うことを推奨していますが、包丁などが不安なら、ステーキナイフなどを使わせるといいでしょう。

女の子の場合は、それほど心配いりませんが、元気すぎる男の子などは、無意識に振り回してしまうこともありますから。

避けるべき道具

〇口に入れるとのどに詰まらせる恐れのあるもの
〇先の尖ったものや、鋭いギザギザがついているもの
〇角が尖っていたり鋭いもの
〇ライターやマッチなど火を使うもの
〇重すぎて足の上に落とすと怪我をするようなもの
〇薄いガラスなど割れやすいものや壊れやすいもの
〇両手でも持ちにくい大きさや形のもの
〇油などこぼすと困る液体の入った瓶やペットボトル
〇手を切る恐れのある空き缶や欠けた瓶

先に書いたように、私のスクールでは、使わなくなった重箱やパック、お菓子が入っていたプラスティックの入れ物やスプレーの蓋、洗剤に入っている計量スプーンなど、不要になったもので使えそうなものは活用しています。

極端に神経質になる必要はありませんが、安価なものの中には、危険な塗料が塗られていたり、小さな部品がすぐに壊れて外れてしまうようなものもあります。

もし、市販のものを買うなら、子どもの安全性を考慮しているものを選びましょう。

4・お勧めの遊びやおもちゃは？

一時、藤井聡太さんが使っていた知育玩具に注文が殺到したようですが、同じようなコンセプトで作られているものはたくさんあります。ですから、メーカーに捉われる必要はないと思います。

ここでは、年齢別にお勧めしたいおもちゃや遊びをご紹介したいと思います。

〈0歳から2歳くらいまで〉

この時期の子どもは、肉体的な成長をメインに考えるといいでしょう。

たとえば、視覚に訴える絵本、脚や腕を鍛える歩行具、手や指先を使わせる単純なおもちゃなどです。

実はこれら身体的成長を促すことが、のちの知能の発達に大きな影響を与えるのです。

特に指先を使わせるようなおもちゃや遊びは、脳に刺激を与え、脳の活動を活発にします。何かを覚えさせようとか教え込もうとすることより、よほど効果があるのです。

この時期の子どもは単純な遊びが好きですし、同じことを何度も繰り返します。

まず、親がやってみせてから、子どもにさせましょう。

●子どもが握れるボールと、それがすっぽり入る箱

箱はコントラストの強い、カラフルな色の紙を貼るなどして、子どもが興味を持つようにしましょう。

そのボールを箱に入れたり出したりして、うまく入れられたら手を叩いて喜び、入らなかった時は大笑いしたり大げさにガッカリしてみせます。

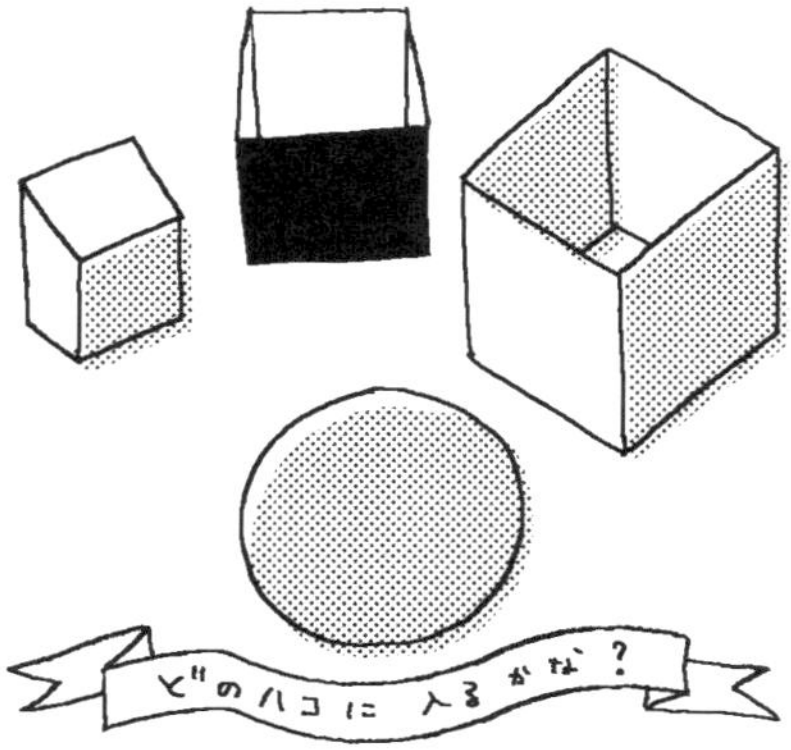

●分かりやすい絵模様のハンカチやタオル

それを広げたり丸めたりします。広げると模様が見えますが、丸めると模様が消えます。丸めた時に「あれっ？」という表情をしてみせるとなお効果的です。

●大きさの違うスプレーの蓋など

大きい方で小さい方を覆います。小さい方が消えます。逆に小さい方でカバーしようとするとできません。これも「あれっ？」という表情をしてみせるとなお効果的です。

●もういらない洋服についたボタン

着なくなった（捨てるような）大きなボタンのお父さんやお母さんのコートを、ボタンの部分が残るように、適当な大きさに切ります。

そしてそのボタンをはめたり外したりして遊びます。

そのような教材をわざわざ買ったり作ったりしなくても大丈夫。

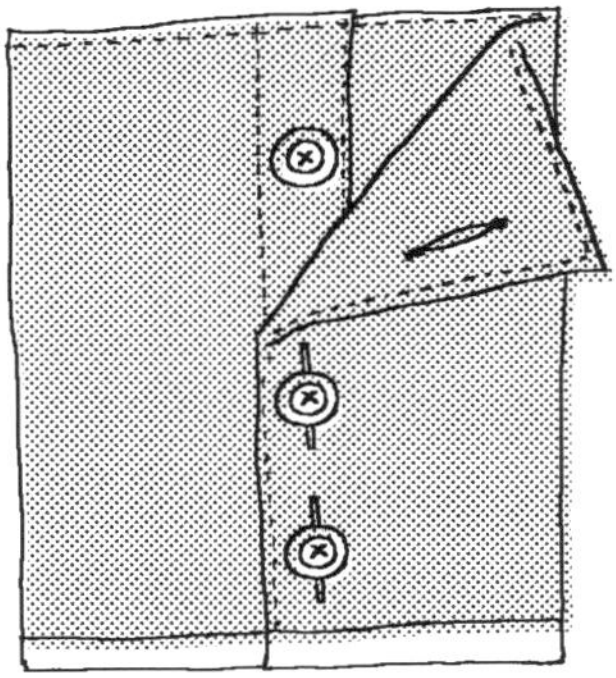

●ボルトとナット

お父さんが日曜大工で使った大きなボルトとナット。ナットをボルトにはめて回します。回す方向によってはみ出している部分が長くなったり短かくなったりします。

口に入れられないような大きさのものにしましょう。

●大きな厚紙（捨てる段ボールなど）

これにお花や動物や果物など分かりやすい絵を描きます。そして、その厚紙をいろいろな形に切ると手製パズルの出来上がり。段ボールがいいのは、つかみやすいことと破れにくいこと。3歳以降の子どもには自分で絵を描かせて自分で切らせるといいでしょう。

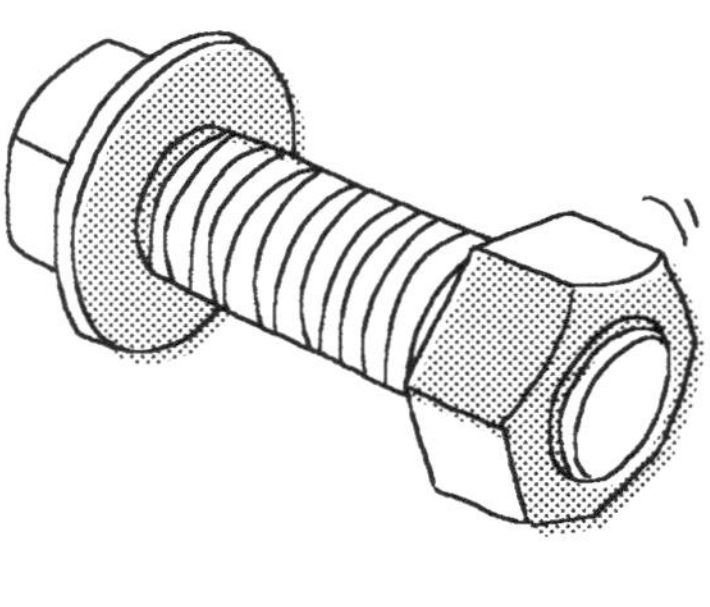

〈3歳から6歳〉

３歳くらいになると、単純なものはすぐに飽きてしまいます。組み合わせ次第でいろいろな使い方ができるものがよいでしょう。

市販のものなら、積み木やレゴ、ブロック、マグネットなどがお勧めです。また、ドールハウスも、家具をいろいろ動かすことで自分なりのアレンジができますし、キッチンセットなら、毎回違う料理を作るという設定ができますね。

ビーズ遊びなども、自分のオリジナル作品が作れますし、小さな穴に糸を通すという作業は、集中力を必要としますのでいいと思います。また、お絵描きや工作などにも興味を持つ時期ですから、子どもの興味に合わせて、塗り絵や工作キットなどを取り入れるといいでしょう。**できるだけ、自分で工夫する余地があるものがお勧めです。**

３歳になったら、０歳から２歳の項でご紹介した遊びを、高度にさせるといいです。たとえば、小さなボタンの洋服を使う、ボルトとナットの小さいものを使う、スプレーの蓋をたくさん用意するなど。遊び方は、次の項で詳しく説明しますね。

5・家庭でどんなふうに取り入れたらいいの？

では、家庭では具体的にどんなふうに、教えていけばいいのでしょうか。
6歳くらいまでの未就学児を想定してお話ししていきたいと思います。

家庭での取り入れ方1

日常生活の練習

日常生活の練習は、まさしく家庭ですぐにできることですね。そして人間生活の最も基本となる部分でもあります。
3歳になる頃には、オムツも取れ、自分のことが自分でできる始める時期です。一人でできることが増えれば増えるほど、子どもは自分に自信を持ちます。

ただ、今まで洋服を着せたり靴を履かせたり、しっかり面倒をみてくれていた親から、ある日突然、「自分でしなさい」と言われると子どもは戸惑い、突き放されたように感じてしまうかもしれません。

ですから、**2歳のうちから、「3歳になったら一人でできるようにしようね」とか「4歳になったらこうしてみよう」と少しずつ心の準備をさせておきましょう。**

新しいことにチャレンジさせるのには、お誕生日や入園時、新学期を迎える時などを、きっかけにするといいでしょう。

まずは日々の生活で必要最低限と思われることを、一日の流れからみていきましょう。

●起床

すぐには無理でも、決まった時間に目覚ましが鳴るようにしておきましょう。

最初のうちは起きないかもしれません。その時はお母さんが「目覚ましが鳴ったよ」と起こしてあげるといいでしょう。規則正しい睡眠習慣は子どもの心身の発達にとても重要です。決まった時間に、自分で起きる習慣をつけさせましょう。

●洗顔・歯磨き

お水をこぼさないように丁寧に洗うことができるように、やり方を教えましょう。

そばに小さなタオルを置いておいて、洗面台の周りに水を飛ばしたら自分で拭くようにさせるといいでしょう。

●着替え

自分でパジャマを脱いで、洋服に着替えさせましょう。

パジャマは着脱のし易いものにしてあげましょう。

実は洋服に関しては、3歳くらいから自分の好みがはっきりしてきて、親が用意したものを嫌がることも多くなります。これは特に女の子に多いです。

制服のある幼稚園や子ども園なら楽でしょうが、私のスクールのように私服の場合、朝、親子でもめるなんてことが起こります。

ですから前の晩に、翌日に着る服を、本人に決めさせておくことをお勧めします。

その場合のコツとして、あらかじめ子ども用の小さなタンスの引き出しに、上から上着、

明日着る服を選んでね♪
はーい！
どれにしようかな♪
タンス
できたよ！
まぁいいか
すごい組み合わせ…

ズボンやスカート、下着のシャツ、下着のパンツ、靴下を入れておきます。

その際、シャツや下着の柄が見えるように畳んでおきましょう。

また、たくさんあると子どもは迷ってしまいますから、少なめに入れておくのがコツです。たとえば、幼稚園や子ども園に通っているなら、週五日分として5枚ずつなど。

選ぶという行為もいい勉強になりますから、最低でも2～3枚は用意しましょう。

そして、選んだ服を、バスケットやトレイなどにきちんと並べ、枕元やベッドの脇に置いておきます。

そうして朝は、自分で選んだ服を、自分で着るのです。

この時、「総花柄にチェックのズボン?!」などと、親としてコーディネートに不満があっても、我慢しましょう。「自分で選んだ!」という満足感を大事にしてあげましょう。

●食事の用意&片付け

たとえば、子ども用のランチョンマット、お箸、スプーン・フォークなどを、一つのバスケットに入れておき、自分でダイニングテーブルに運ばせ、並べさせます。

大きくなれば、家族のものを運んで並べさせるといいでしょう。兄弟がいるなら役割分担を決めておきましょう。

基本として、最初は自分のことは自分でするということです。

食べ終わったら、自分のお皿や茶わんを台所まで持っていくこと。

用意させるものも片付けも、子どもの手の届く安全なところに、置くようにしましょう。

●登園（お出かけ）準備

幼稚園に行くようになったら、自分の持ち物は自分で用意させるようにしましょう。

これも、前の晩に用意できるものはしておき、朝はチェックするくらいにしておきましょう。

まずは、必要なものを忘れないようにバッグに入れておけばいいのです。

私のスクールでは、お弁当、水筒、コップ、歯ブラシ、ハンドタオルが毎日必要ですが、お弁当と水筒以外は、前の晩に用意できますね。

その際には、必要なものをまとめてバスケットに入れて、子どもの手の届くところに置いておくなど、子どもが自分で用意できるように工夫してあげてください。

コップや歯ブラシがどこにあるのか分からなければ、自分ではできません。

忘れ物をしないか不安なら、翌日、お弁当や水筒もバッグにうまく収まるように入れながら、チェックするといいのです。

●帰ってきたら

外出から帰ったら、まずは手洗いやうがいです。潔癖になるほど神経質になる必要はありませんが、これはしっかり習慣づけておきましょう。

そして、自分の持ち物の整理です。自分でバッグの中のものを出させましょう。登園準備の時に用意したバスケットやトレイに戻せばいいのです。

大きくなれば、コップや歯ブラシを自分で洗わせるのもいいと思いますが、まずは入れ

る・出すということを習慣づけましょう。

自分の持ち物の置き場所は、きちんと決めておき、必要な時に探し回らないで済むようにしておきましょう。

それが済めば、お遊びであれ次のことができるようにするのです。

●片付け

お母さんの頭の痛いことの一つは、子どもに片付けをさせることかもしれませんね。

おもちゃを出して遊ぶのは大好きでも、片付けを嫌がる子どもは多いです。

そうならないためには、片付けを、遊びを中断される嫌なことと思わせるのではなく、おもちゃを出す・しまうというのも、遊びの一環だと捉えさせるのです。

ですから、片付けさせる前に、おもちゃを使える時間がそろそろ終わると知らせて、一番面白い所で中断しなければならないような事態をできるだけ避けてあげること。

そして、時間になったら、お片付けゲームに入ればいいのです。

私のスクールではお片付けの音楽を決めていますし、トロトロしている時は、カウントダウンしていくと、子どもは時間内に片付けようと必死になります。

また、おもちゃを片付けるのもちょっとは楽しいと思えるように、収納を工夫してあげましょう。

あまり細かく丁寧に片付けさせようとすると、面倒がるようになりますから、大きな箱にある程度まとめて入れていいことにするとか、ガレージに見立てたケースにミニカーが並んでいるなど、子どもが見ていて楽しくなるような収納にしてあげましょう。

私のスクールでは、**引き出しに、そこに入れるおもちゃの写真を貼っています。そうすると使いたいおもちゃがすぐに見つかりますし、片付ける場所もすぐに分かります。**

出したら片付けるというのが習慣になるまでは、親の方も工夫してあげましょう。

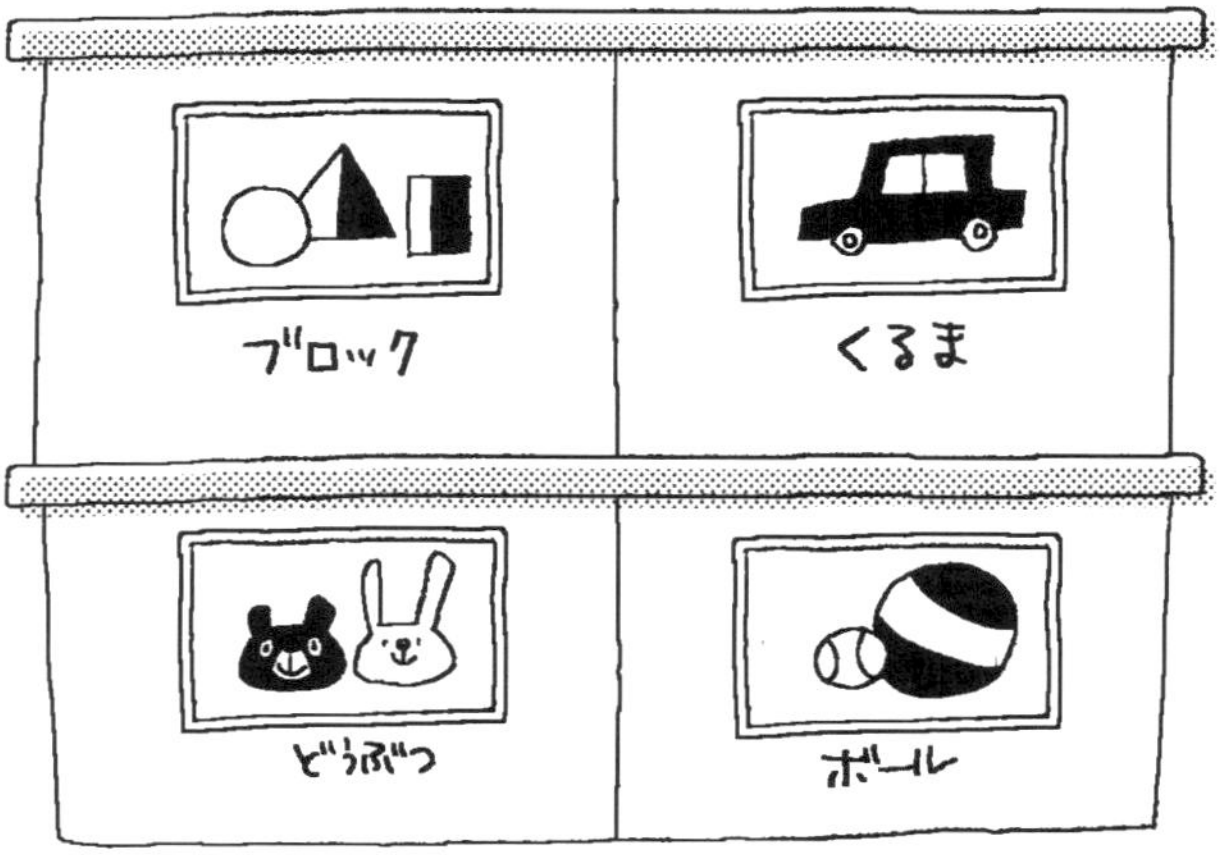

●就寝

お風呂に入り、寝る時間になったら、パジャマを自分で着て、目覚ましをセットしてベッドに入るようにさせましょう。お風呂に入る時などに、脱いだ服を入れる場所も決めておいてください。

寝る前にはきちんと「おやすみなさい」と言わせることを忘れないで。

日常生活の基本は、あまりにも範囲が広すぎて、書きだすと本が一冊書けるほどになりますので、ポイントだけにしておきますが、**このほかにもぜひやらせてほしいことは、買い物やクッキング、掃除や洗濯など**です。

クッキングなら、休みの日にお母さんと一緒に料理し、キュウリなどの切りやすい野菜を切らせたり、混ぜ合わせたりさせる。

掃除なら、モップや雑巾がけをさせるとか、玄関をほうきと塵取りで掃除させるなど。

洗濯なら、干すときにしわ伸ばしをさせたり、大きなものなら一緒にしわ伸ばしをするとか、乾いたタオルやソックスなど簡単なものを畳ませるなど。

第2章の「モンテッソーリ教育ではどんなことをさせるの？」（52ページ）でご紹介したこともぜひ取り入れてください。

子どもができることから、少しずつ手伝わせていきましょう。

子どもはお手伝いが大好きです。かえって手間や時間がかかることも多いのですが、幼児期にこの手間をかけておくと、お母さん自身もあとがグッと楽になります。

実は、働き者で気が利くお母さんほど、何から何までしてあげたりします。

専業主婦のお母さんは自分がやらなければならないと思いがちで、働くお母さんは、子どもに寂しい思いをさせているかもという後ろめたさから、やり過ぎてしまうのかもしれません。

自分のことを自分でさせるのは、誰のためでもない子ども自身のため。親が手抜きをしているわけでは決してないのです。

子どものためのしつけであり教育なのだと、親自身がしっかりした認識を持つことが大切です。

家庭での取り入れ方2

感覚教育

感覚教育とは五感を刺激すること。

たとえば、絵本や絵画を見せることとは、色彩感覚を養うことになります。

ピアノやバイオリンなどの楽器の音を聞かせるのは音感教育になります。

花や果物の匂いを嗅いだりすることや、身の回りの汗やウンチなどの嫌な臭いも、嗅覚を鍛えるには必要です。

また、いろいろな素材のものを触ったり踏んだりすることで、指先の繊細な感覚を研ぎ澄ませることができます。

乳児期の子どもはいろいろなものを口に入れますが、食べられるものかどうか確認しながら、舌の感覚も覚えていっているのです。安全に気を配りながら、固いもの柔らかいもの、ツルツルしたものザラザラしたものなどいろいろなものを触らせましょう。

また、大きさの違うもの、重さの違うもの、固さの違うものもいい教材です。

たとえば重箱は、大きさが少しずつ違いますから、まとめて収納することができますよね。

100g入りの袋と200g入りの袋では手に持った時に違いを感じるはず。目隠しをしてどっちが大きいとか、どっちが重いというゲームなども楽しいでしょう。

感覚教育は、0歳からできることでもありますし、やるべきことでもあります。

3歳になったら、できるだけ木や草や虫など自然に触れさせるようにしましょう。

鳥のさえずり、川のせせらぎ、青葉や紅葉、森の空気や匂い、泥や土の感触、草むらに隠れる虫たち、豊かな自然はすべてが感覚教育の絶好の教材です。

家庭での取り入れ方３

言語教育

言語教育の基本はまず０歳から、親がどんどん語りかけることです。

英語教育で私は、０歳からの英語のかけ流しなどを勧めていますが、日本語であろうと英語であろうと、とにかく耳に入れることが大切です。

２歳くらいから言語能力は急速に発達していきます。絵本の読み聞かせは言語教育にとてもいいです。絵だけでなく書かれている文章も理解できるようになって、言葉の幅がグッと広がります。簡単なものは自分で読みたがったりするでしょう。

昔ながらのしりとりや、「〝あ〟で始まるものは？」とか「〝大きい〟の反対は？」といった言語遊びを取り入れてみましょう。

読むことを教えるには、ひらがな表などを利用するのもいいですが、ひらがなを一文字ずつ、トランプ大の紙に書いてカードを作るといいでしょう。

ラミネートをしたり、厚紙に書くなどすれば、しばらくもちます。

「あ行」から始め、「あ行」を覚えたら（読めたり、あいうえおと正しい順番に並べるなど）、「か行」に進みます。その際には「あ行」と「か行」の両方を答えさせます。「さ行」に進めば、「あ行」「か行」「さ行」を覚えることになります。

こうして増やしていくと、**子どもも自分がどんどん覚えているという成果を実感できるので、覚えることが楽しくなります。**

これらは、カード取りや神経衰弱のような楽しいゲームにして覚えさせましょう。

間違っても叱ったりしながら強制的に覚えさせようとしてはいけません。それでは逆効果になって勉強嫌いにしてしまいます。

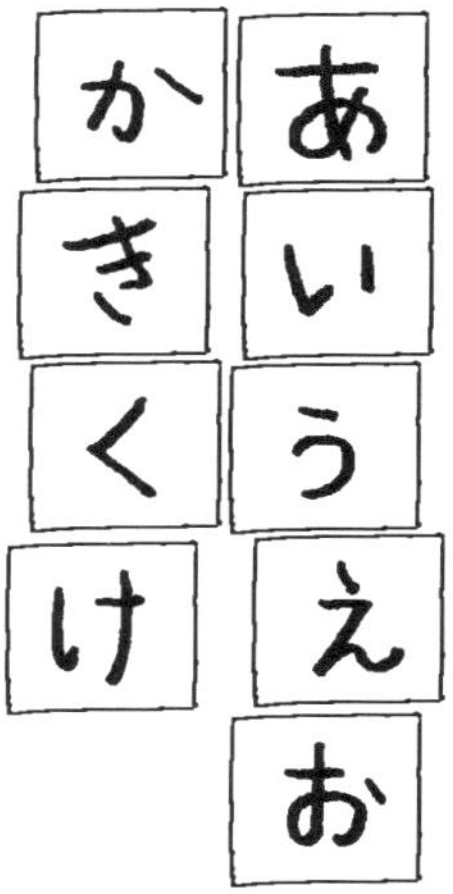

家庭での取り入れ方4

算数教育

数の概念は、まず指を使って教えましょう。指を使うことは科学的にも効果ありと証明されています。

日本の子どもは、年を聞かれると、必ずと言っていいほど指で数を示してくれますね。指は常に目に触れるものですし、どこでも使えますから大いに活用しましょう。

数に触れさせるのは実はとっても簡単。たとえば、

○洋服のボタンはいくつついている?
○買ってきたトマトのパックにトマトはいくつ入っていた?
○読んでいる絵本に、動物が何匹出てきた?
○あと三回寝ると、おばあちゃんちに行くよ

などなど。

量に触れさせるのも、身近なものでできます。

たとえば、

○片栗粉（100g入り）と、小麦粉（500g入り）はどっちが重い？
○トマトジュース（500ミリリットル入り）とリンゴジュース（1リットル入り）のペットボトルではどっちが多い？
○子どもの小さなお茶碗と、お父さんの大きなお茶碗ではどっちがたくさん入る？

などなど。

さらに、

○大きなボールにはコップの水が何杯入るか
○大きなペットボトルは、小さなペットボトルの何本分か？
○丸いケーキをどんなふうに切れば、家族全員が食べられる？
○お友達が５人遊びに来る。家にはプリンが二つしかないけど、あといくついる？

などなど。

日常生活の会話の中で、いくらでも算数教育ができます。

数字を教えるには、文字と同じようにカードを作るといいでしょう。

一つは数字を書いたカードを、もう一つには、丸いシールをサイコロのように貼ります。

そしてカード合わせをするのです。

もちろん、サイコロを使って、出た目の数字を選ばせることもできます。

ゲームにするには、カードをたくさん作って、マッチングの速さを競うとか、神経衰弱のようにして遊ぶこともできます。

家庭での取り入れ方5

文化教育

文化教育は、感覚教育同様、周りのものすべてが教材になります。

日々の生活の中で、「いただきます」と手を合わせたり、玄関で靴を揃えるなど習慣になっていること、季節ごとの行事や冠婚葬祭などは、自国の文化を学ぶことです。

地図や地球儀や国旗を見せることは、他国を知ることになります。

テレビで動物の生態を見せれば動物学に、いろいろな花を植えれば植物学に、公園に連れて行って虫探しをさせれば昆虫学に、一緒に月や星を見上げれば天文学につながるのです。

たくさんの経験をさせればさせるほど、学ぶことは多くなり子どもの視野は広がります。

またたくさん経験させることで、子どもが本当に興味を持つものを見つけられるかもしれません。

絵や音楽に興味を持つことや、音や形に興味を持つこともありますね。特定の動物や虫に興味を持つこともあります。

子どもがどんなものに興味を持つか観察して、興味を持ったものは、知りたいことがすぐに調べられるように、図鑑を置いておくことをお勧めします。

動物に興味を持てば動物図鑑を、乗り物に興味を持てば乗り物図鑑を、世界の国旗に興味を持てば、国旗の本を。興味を持った時にはどんどん吸収していきます。

興味の対象がどんどん変わっていってもいいのです。どこかで、一見バラバラなそれらの興味がつながるかもしれないのです。

動物の鳴き声に興味を持った子が、音楽が好きになり、動物の鳴き声で斬新な音楽を作るとか、地図を見て面白い国の形をアート作品にするとか、魚が好きな子が音に興味を持ち魚が寄って来る音を発見するとか、どんな天才が生まれるか分かりません。

私は、何をさせても無駄になることはないと思っています。

6・モンテッソーリ教育を行う時、親が気をつけなければならないことは?

親の心得8か条

具体的な取り入れ方は、お分かりいただけたでしょうか?

モンテッソーリ教育を家庭で取り入れようと思うなら、実はとても大切なポイントがあります。それは親の接し方です。

モンテッソーリ教育について、その一部を聞いて解釈してしまい、大きな勘違いをしている人も多いのです。

それは、「子どもの自主性を重んじる」という点です。

「子どもの好きなことを自由勝手にやらせればいいい」のだと、思ってしまうのは大間違いです。それでは放任主義になってしまいます。

放っておくのではなく、見守り観察し必要な時にサポートしてあげることです。

家庭でどのように子どもに接すればいいか、その参考になるのが、第1章でご紹介した「教師の心得12か条」です。

この教師の心得は、そのまま親の心得とすることもできるくらいですが、ここではこの中から、モンテッソーリ教育を家庭で取り入れる際に、必要と思われる8つを次のページにまとめました。

これを「親の心得8か条」として私なりの解釈で分かりやすく具体的にお話ししていきたいと思います。

集団生活の場と家庭では、指導の仕方が違う部分も多々ありますので、大幅に変えている点もありますが、ぜひ参考にしてみてください。

「親の心得8か条」

①環境に心を配りなさい。

②ものの扱い方はやってみせて、やり方を明快に正確に示しなさい。

③子どもがやり方を覚えるまでは積極的に、やり方を覚えたら消極的になりなさい。

④子どもの特性を見逃さないよう、子どもを観察しなさい。

⑤子どもが何かに夢中になっている時は、なるべく中断せずに見守りましょう。

⑥子どもの間違いを直接的に訂正しないように。

⑦子どもにもボーっとする休息は必要。常に何かをさせようと無理強いしないように。

⑧何かを頑張ったあとは、その努力を認めてあげましょう。

①環境に心を配りなさい。

子どもにとって、家庭は一番安心でき、居心地のいい場所であらねばなりません。ゴミ屋敷のような家では、子どもは集中して何かを学ぶということはできません。また、常に両親が喧嘩しているような家では、子どもの心は波打ち落ち着きません。清潔で、整頓され、おだやかな雰囲気をこころがけましょう。

リビングルームやダイニングルーム、キッチンやお風呂場などが学びのコーナーになり、家庭にあるものは、すべて学びの教材になります。

子どもに使わせるものは、子どもの手の届くところに配置し、自分で出来るように工夫してあげましょう。

②ものの扱い方はやってみせて、やり方を明快に正確に示しなさい。

親の中には、子どもは普段の生活の中で親がしているのを見ているから、勝手にできるようになるだろうと、勘違いしているような人もいます。

子どもがうまくできなくてトロトロしていると、「何やっているの?! 早くしなさい!」と怒りだしたりします。

でも、子どもはやり方がよく分からないのかもしれません。やり方が分からないのに、早くしろと叱られても無理ですよね。

まず目の前で、**実際にゆっくりやって見せて、やり方を教えましょう。**

最初のこのひと手間を惜しまなければ、毎回毎回「早くしなさい!」と叱る回数は、グッと減ると思います。

③子どもがやり方を覚えるまでは積極的に、やり方を覚えたら消極的になりなさい。

子どもはかわいいものです。いつまでも小さいままでいてほしいと思いますね。でも、どんどん成長していきますし、そうでなければ困るのです。

ところが、親の中には、いつまでもわが子を赤ちゃん扱いしている人も少なくありません。服を脱がせたり着せたり、靴を履かせたり脱がせたり、本当に手取り足取り世話をしている親を時々見かけます。

早い子なら2歳くらいでできることを、4歳、5歳の子にもしてあげているケースがあります。特に男の子の親に多いです。

やり方を教えるのは懇切丁寧に、しっかり明快に伝え、必要なら何回も練習させるといいでしょう。でも、一旦覚えたら、あとは本人にさせましょう。

子どもは、「自分でできた」ということで自信を持ちます。自分でできることを子どもが一番喜んでいるはずなのです。

④子どもの特性を見逃さないよう、子どもを観察しなさい。

2人や3人の子どもを持つ親から、「上の子と下の子では性格がまったく違う」というような話を聞かれたことはありませんか?

兄弟と言えども、子どもは一人一人まったく違います。時には、生んだ親が面食らうほど違ったりもします。

ですから、上の子でうまくいった方法が、下の子にも通用するかというと、なかなかそう楽はさせてもらえないのが子育てです。

子どもはそれぞれ興味を持つ対象も違いますし、得意不得意も違います。

子どもの特性を知れば、子育てもしやすくなります。子どもをしっかり観察しましょう。

子どもの特性は1歳くらいから現れてきます。3歳になる頃には持って生まれた資質や性格的なこともある程度分かるようになります。

長男
わーい
Yeah!
!
次男
こんなに違うのね
一人一人ちゃんと
個性を
見てあげよう

⑤ 子どもが何かに夢中になっている時は、なるべく中断せずに見守りましょう。

子どもは時として大人が理解できないような行動を取りますね。

何かに夢中になっている時、たとえば、マグネットをくっつけたり離したり、ブロックを積んでは壊したり、表面的に見れば同じことをただ漫然と繰り返しているように見えますが、頭の中では、「どうしてくっつくのだろう?」とか「壊れる時の音が違うなあ」とか、いろいろなことを考えているのかもしれません。

幼児期はそういう知的好奇心が芽生える時期。親には理解できないバカバカしいことを延々と繰り返していたとしても、時間の許す限り中断せずに見守りましょう。

⑥子どもの間違いを直接的に訂正しないように。

これはとても大事なポイントです。

大人でも、誰かから間違いをいきなり指摘されると不愉快になりますよね。

子どもの間違いをいちいち指摘したり訂正したりすると、子どもは萎縮してしまいますし、またやってみよう、チャレンジしてみようという気持ちがなくなってしまいます。

子どもは失敗を重ねて学んでいくのです。

たとえば、失敗をしても「もう少しだったね」と成功に近づいていると感じさせたり、「間違っちゃったね」と笑って、間違いを面白がるなど、失敗や間違いも楽しいと思わせるくらいの接し方をこころがけましょう。

⑦子どもにもボーっとする休息は必要。常に何かをさせようと無理強いしないように。

子どもが何もしないでボーっとしていたり、寝転んでゴロゴロしているのを気にするお母さんもいます。きっと、怠けているとかだらしないとか思ってしまうのでしょう。それでつい、「ボーっとしていないで本でも読みなさい！」とか「ゴロゴロしているんだったら手伝いなさい！」とか言ってしまいませんか？

常に子どもに何かをさせていないと不安に思うのは、自分も常に何かをしていないと気が済まないお父さんやお母さんに多いです。スケジュールに追われることが普通になっている、ある種の現代病かもしれませんね。

でも、日々心身ともに急成長を遂げている子どもには、睡眠時間以外の休息も必要です。子どもが日々大量に受け取っている情報は、時として子どもの脳の許容量を超えてしまいます。情報を処理しきれない時は、脳も休息を要求するのです。モンテッソーリ教育に取り組んだからと言って、常に何かをさせようと無理強いしないようにしましょう。

⑧ 何かを頑張ったあとは、その努力を認めてあげましょう。

子どもがした、たとえば洗う、拭く、掃くなどの家事は、お母さんの役に立つことですよね。

もちろん本人のための訓練ではありますが、親の役に立った時は、それを認めてあげましょう。

大げさに褒める必要はありません。

「○○ちゃんができるようになって嬉しいわ」とか「○○ちゃんがやれるようになって助かったわ」というように、子どもがすることによって、親が助かり、喜んでいることを伝えてあげるのです。

子どもは、親に認めてもらうのが一番嬉しいのです。

いかがですか？　文章で書かれていると大変なことのように思うかもしれませんが、一つ一つは決してむずかしいことではありません。

子どもに対する時に、常に一呼吸おいて意識してみましょう。いつも心掛けていると、お母さん自身の習慣になっていくと思います。

7・子どもを観察する時のコツ

モンテッソーリ教育では、子どもが興味を持つことをやらせて、それを伸ばしていくことが重要と言われますが、子どもが何に興味を持つのか、何をやりたがるのか分からないという場合もありますね。

誰もが、最初から「これ！」という興味やこだわりを持つわけではありませんし、逆にあまりに強いこだわりを持つ場合は、発達障害が疑われてしまうこともあります。

まだ、この世の中にどんなものがあるのかよく分からない子どもは、自分の周りのすべてのものに、好奇心旺盛なはずなのです。

乳幼児期の子どもの吸収力は、人間の一生の中で最も強いと言えます。乾いた土に水が染み込むようなもの。

まずは、この章の「4・お勧めの遊びやおもちゃは？」や「5・家庭でどんなふうに取り入れたらいいの？」で紹介したような、**子どもの周りにあるたくさんのものや、様々な現象を見せることから始めましょう。**

たくさんの選択肢を与えてあげると、子どもは自分の興味の対象を見つけやすくなります。
3、4歳になる頃には、日々の生活で自分の周りのあるようなものや、起こるようなことはほとんど分かるようになります。
それまでの時点で、本を出してきては広げるとか、動くおもちゃには興味を示さず、積み木を積みあげては壊すとか、特定の活動を延々とするようなら、本が好きとか、何かを作ることが好きなのかもしれません。

けれど、一般的には、あらゆるものに興味を持ち、しばらく使ったら飽きてしまうことの方が多いでしょう。

これは飽きやすいということではなく、そのおもちゃから学べることを学んでしまったということです。初級が終了したら中級に進みたくなりますよね。

ただ、子どもが好きなことや特性は、ある程度分かるようになると思います。

たとえば、他のことに比べて、料理の手伝いをしたがるとか、絵を描きたがるとか、パズルをしたがるとか、レゴやブロックで遊びたがることが多いということであれば、それらが好きだということでしょう。

また、手先がとても器用で細かいものを上手に作れるとか、絵がうまく見たものを上手に写実するとか、身体がとても柔軟で機敏に動けるとか、一度聞いたら歌をすぐ覚えてしまうなどということがあれば、それらはその子の特性だと考えられます。

子ども自身がそのことに気づいて、「これをやってみたい！」とか「習いたい！」と言えば、ぜひやらせてあげましょう。

また、お母さんがその子の特性に気づいたならば、「やってみたら？」とか「習ってみたら？」と、声をかけるのもいいでしょう。

ただし、いくら向いていると思っても強制してやらせるのはやめましょう。子ども自身が「やってみよう」と思うまで待ってください。

モンテッソーリ教育を家庭で取り入れたからと言って、子どもの興味を見つけることに必死になる必要はありません。じっくり観察していけばいいと思います。

実際、藤井聡太四段のように早期に「これ！」というものを見つける子どもはごくまれです。本当に興味が持てるものに出会うのは、大人になってからかもしれないのです。

子ども時代は、それを見つけるための準備期間というくらいの、大らかな気持ちで取り組みましょう。

8・子どもへの教え方のコツ

モンテッソーリ教育では、「教具やものの取り扱い方を明快に正確に示しなさい」「子どもが環境との交流を持ち始めるまでは積極的に、交流が始まったら消極的になりなさい」と言われていますが、実際どのように教えていけばいいでしょうか？

たとえば、日常生活の練習で、ボタンをはめることを教える場合を例にしましょう。ボタンをはめるという作業は、子どもには結構むずかしいのです。ですから、まずは年齢に合った大きさのボタンを用意してください。

2歳までならボタン一個でも構いませんが、3歳になったらボタンがいくつかついているものにしましょう。

〈教え方〉

①年齢に合ったものを用意する

ボタンの大きさと数は子どもの年齢に合ったものにしましょう。

○2～4歳…………………直径2センチ以上／ボタン2～3個

○5～6歳…………………直径1～1・5センチ／ボタン3～5個

②まず親が実際にはめて見せる

「ボタンをはめるの楽しいよ」「面白いから見ててね」と興味を持たせてから見せましょう。

③次に再度、ポイントを示して説明しながら見せる

モンテッソーリ教育ではよく、声はかけずにやり方をゆっくりと見せることが大事だとされますが、私は声をかけながら行うようにしています。

「こっちの指はこうしてボタンを持つよ」「こっちの指はこんな形で穴の方を持つよ」

はめ終わったら、「ほらね、面白そうでしょう？」と声をかけるといいでしょう。

④子どもにやらせてみる

子どもは自分の指を見ながら、一生懸命親の真似をして頑張るでしょう。その際横で指を見せても構いません。

⑤手こずっている場合は、手をそえてやらせてあげる

うまくできないまま終わってしまったり、親がやってしまうのではなく、手をそえて完了させてあげます。そうすると、子どもは「自分でできるかも」と思えるのです。

⑥ボタンのかけ間違いを途中で指摘しない

ボタンがいくつか並んでいると、一個飛ばしてしまったりしてかけ違いをしてしまいますね。子どもがやっている途中で親がそれに気づいても、教えないで続けさせましょう。そうすると、ボタンが足りなくなりますね。その時は「あれ、間違っちゃったね。もう一回やってみようか」と軽く声をかけてやらせましょう。

そこで、子どもは、かける順番を間違えるとどんな風になるのかを知り、自分で間違いに気づくことができるのです。

ここで、「お母さんは、分かっていたけど……」なんて余計なことを言ってはいけませんよ。「どうして教えてくれなかったんだ」と子どもに不信感を持たせるだけですから。

⑦すぐに成果を求めない

何にしても練習は必要です。「まだできないの？」などと子どもを責めてはいけません。すぐにできることも、すぐにはできないこともあるのです。

子どもが一人でできるようになるまで辛抱強く待ってあげましょう。

子どもに新しいことを教える時は、このやり方を参考にしてください。

読むことや書くことなどのお勉強を教える時にも、

「見せて－聞かせて－やらせて－助けて－間違いに気づかせ－完成させる」

この順番でやるといいと思います。

できた時は、「できたね」とか「頑張ったね」と努力を認めてあげましょう。努力を認めてもらえれば、また頑張ろうという気になれます。

一つできたら、次のステップを示唆してあげるといいでしょう。

たとえば、ボタンかけができたら、ジッパーをはめてみるとかリボンを結んでみるとか、簡単な絵本が読めるようになれば、もう少し字数の多い絵本にトライさせるなど、成長の度合いに応じて少しずつチャレンジさせることです。

なお、モンテッソーリ教育では、**教具を1セットずつにして、待つことを教えられるようにしています。**兄弟がいれば取り合いになることも多いでしょうから、待つことや我慢することが学べますが、一人っ子の場合はむずかしいですね。

そんな時は、できれば近所の子ども達を呼んで一緒に遊ばせたり、公園やサークルなどに出かけて、何人かの子どもと遊べる機会を作りましょう。

順番を待つことや譲ること、自分の希望を主張することや解決策を見出すことなど、子ども同士の交流は、たくさんの学びを生み出します。

たとえば、子ども同士が喧嘩を始めたとしても、手が出るような喧嘩はすぐに止める必要がありますが、口喧嘩の場合はできれば少し様子を見ることをお勧めします。

気心の知れたお母さん同士なら、「どんな風に解決しようとするか見てみない？」とでも言って、観察しましょう。どうしても埒が明かない時は、「こうして一緒にやってみたら？」とか「じゃんけんで決める？」など解決策を示してあげるといいでしょう。

9・子どもが危ないことやしてほしくないことをしたときの対処法

モンテッソーリ教育は放任主義ではないということはすでにお話ししましたね。いくら自主性を重んじるといっても、子供がやりたがることは何でもやらせるべきというわけではないのです。

子どもが危険な目に遭うことはもちろん避けなければなりませんし、他人に迷惑をかけたり親が困るようなことはやめさせるべきです。

そこで、ここでは、子どもが危ないことをした時や、してほしくないことをしてしまった時の対処法をお話ししたいと思います。

最初に申し上げておきたいのですが、私は子どもには小さな怪我は必要だと考えています。転んで頭を打ったり、手足をすりむいたり、ハサミやナイフで指先を切ったり、熱いものを触ってやけどをしたり、これらは日常生活では防ぎようのないものです。

そして、このような小さな怪我をすることが、命に関わるような大きな怪我を防いでくれると思っています。怪我の痛みを知っていれば、注意深くなるからです。

だからと言って、熱湯をかぶってしまうとか、包丁で指を切り落としてしまうなどということは、絶対に起こしてはいけないことです。危ないものを触りたがったり、いけないことをした時は、やはりしっかり叱ったり注意することが必要です。

〈危ないことを止めさせる方法〉

①行為を止めさせる

まずは、「やめて！」とか「危ない！」とか「ストップ！」と言ってその行為を止めさせましょう。この時は簡潔に分かりやすく強く言うことが必要です。

②なぜ止めたのか説明する

次に、なぜその行為が危ないのか、いけないのかをこれも簡潔に説明することです。「やめなさい！」とか「ダメでしょ！」で終わってしまったら、その行為がどうしてダメなのか子どもには分かりません。

ですからまた同じようなことを繰り返してしまうことになります。

「飛び出すと車にぶつかるでしょ」とか「振り回すと人が怪我するでしょ」とか「ひっくり返すと大やけどするよ」などと完結に理由を言いましょう。

③対処の仕方を教える

理由を伝えた後、分からなくてやってしまったような場合は、対処の仕方を教えましょ

う。たとえば、道路に飛び出した子どもには、「立ち止まって右と左をよく見なさい」と教え、ハサミを突き出した時は、「ハサミの刃の方を持って相手に渡しなさい」とやり方を教えましょう。

④ダラダラ子どもを責めない

責めながら話してしまうと、子どもは責められたことだけが頭に残って、肝心なことが頭に入りません。「やめて!」と強く言われ、理由を知ったことで、その時は十分反省しているのです。

〈してほしくない事への対処法〉

次に、危ないというわけではないけれど、親としてはやってほしくないことについての対処法をご紹介しておきましょう。

たとえば、ティッシュペーパーやトイレットペーパーを延々と引っ張りだすとか、洗面所の手洗い石鹸を出しまくって遊ぶとか、親の大事なものを隠すとか。

大人からみれば悪いイタズラなのですが、子どもにしてみれば、他のおもちゃや知育玩具と同じ面白い道具なのです。ですからそれを考慮した上で対応していきましょう。

●遊んでも大丈夫な代わりのものを用意してあげる

子どもは、好奇心を持って、面白い道具だと思って遊んでいるのですから、脳はしっかり働いています。ですから、なんでも「ダメ！」と言って取り上げてしまうのではなく、代わりのものを用意してあげましょう。

ティッシュペーパーやトイレットペーパーで遊

んでしまう場合は、ひと箱や1ロールは諦めて遊ばせて、あとで集めてリサイクルするか、もし、それが嫌なら代わりのものを用意してあげましょう。

子どもが紙に興味を持っているなら、チラシなどを、適当な大きさに切って置いておき、破っても、丸めて投げてもOKな紙を用意しておきます。

洗面所での水遊びが好きなら、100均でポンプ式のボトルを買ってきて、水を入れては押して出すという遊びをさせればいいでしょう。手洗い洗剤や台所洗剤をほんの少し入れてあげると、泡ができて面白くなります。

ものを隠すのが好きな子には、たとえば手のひらサイズの人形など隠してもいい特別なものを与えておいて、子どもが隠したら親が見つけるというゲームをするのです。

隠したことを叱るのではなく、隠してもいいものを決めておいて、むしろ「隠してごらん」と言って探す振りをしてあげるのです。

子どもは、どこに隠せば見つからないかと考えて、言わば実験しているようなものですから、知的作業と言えます。

第4章
モンテッソーリ教育のメリットと不安点、その解消法は？

1．私が実感している　モンテッソーリ教育のメリット

最後にこの章では、モンテッソーリ教育について、中立的な立場から書いていきたいと思います。まずは、私が実感している、次の5つのモンテッソーリ教育のメリットについて、私のスクールでの効果をご紹介しながらお話ししたいと思います。

①一人一人を尊重する姿勢
②異年齢混合クラス　縦割り保育
③子どもが自由に過ごせる時間
④自立を目指す日常生活の練習
⑤子どもの自己形成を援助する適切な教師

メリット１　一人一人を尊重する姿勢

モンテッソーリ教育の、「一人一人を尊重する姿勢」は、教育において本当に大切なことだと思います。

長年子ども達を見てきて思うのは、**子どもは千差万別、一人一人まったく違う**と言うことです。同じ親から生まれた兄弟や姉妹であっても、体格や体質、性格や特性が違うのです。

当然ながら、興味を持つ対象も、好き嫌いや、得意不得意も違います。

お絵描きが得意な子も、ダンスが好きな子も、レゴやブロックなどを組み立てるのが上手という子もいますし、数や数字に興味を持つ子、文字や読み書きに興味を持つ子など様々です。

また、性格的な特性としては、たとえば、子どもを褒める時、大げさに褒めれば誰でも喜ぶのかというと、決してそうではありません。

褒められると素直に喜ぶ子もいれば、褒められると照れからか、かえってその後悪さをする子もいます。

悪いことをして叱るにしても、ガツンと叱っても平気な子もいれば、ちょっと注意されただけでへこんでしまう子もいます。何度も注意しないと聞かない子もいれば、他の子が注意されているのを見て止める子もいます。

私のスクールでは、兄弟や姉妹で入園してくるケースも多いのですが、下の子が入園してきたと言っても、上の子の時の対応はほとんど参考になりません。

モンテッソーリ教育の「一人一人を尊重する姿勢」を大事にし、子ども達を観察しています。そして、褒め方や叱り方、励まし方や気づかせ方を一人一人変えて対応しているのです。

さらに、たとえば、同じやんちゃをしても、私は年長さんには厳しく叱ります。なぜなら、年少から年長になるまでに十分教えられてきたはずだからです。

一方年少さんには優しく教えます。まだ学び始めたばかりのこれから学ぶ子だからです。

「一人一人を尊重する」ということには、その子の年齢や経験や立場を考慮するということも含まれます。

では、年長さんはできて当然だから褒めもしないのかというと、確かにできて当然なことは、褒めません。

年長さんには、違う認め方をしています。それは、助けを求めたり、アシスタントを依頼したり、手伝ってもらうことです。

この時、「～しなさい」と命令するのではなく、「手伝ってくれる?」とか「ちょっと助けてくれる?」とか「これお願い」という風に依頼するのです。そしてやってもらったことには必ず「ありがとう」と言います。

先生から依頼されるということは、信頼されている、頼りにされているということです。

それは幼稚園児でも分かりますから、張り切ってやってくれます。

個々人の性格や特性と同じように、その子の置かれている状況も考慮するということです。

私のスクールの子ども達が、伸び伸びイキイキ過ごしてくれているのは、一人一人に合った接し方をしているからだと思っています。

メリット2

異年齢混合クラス　縦割り保育

私のスクールは3歳から6歳までのいわゆる縦割り保育です。

ダンスなどのレッスンの時には、年齢で分けることはありますが、基本的にはほとんど一緒に過ごします。

まさしくモンテッソーリ教育のやり方です。

そして、この縦割り保育が、「私が一番教育的効果を実感していること」だと言っても過言ではありません。

私のスクールは4月に一斉に年少児が入園してくるというシステムではなく、3歳のお誕生日を迎えた頃に随時入園してきます。同時に受け入れるのは一人かせいぜい二人です。

私としては、最初は一人一人をしっかり見てあげたいという気持ちなのですが、入園してくる子どもにとっては、すでに出来上がっている、自分より大きい子ばかりのクラスに、いきなり放り込まれるわけですから、きっととっても不安で心細いことでしょう。

もちろん最初は泣く子もいます。

そんな時、大きい子達がティッシュを持ってきて涙を拭いてくれたり、「大丈夫だよ」と優しく声をかけたりしてくれます。

そうして徐々に緊張がほぐれ、周りの大きい子達を観察して、自分も同じように真似して、スクールでの流れややり方を覚えていきます。

その子達が、やがて年中になり年長になっていく頃には、今度は自分より小さい子がどんどん入園してくるわけです。

新しく入園してきた小さい子が泣いたら、彼らは自分がしてもらったように、ティッシュを取ってきて涙を拭いてあげ、「大丈夫だよ」と声をかけています。

自分がしてもらったことをしっかり覚えていて、誰にも指示されなくても、小さい子に自然にしてかえしているのです。

スクールでは年長児はリーダーとして、みんなをまとめる役目があります。小さい子の世話をし、間違ったことや悪いことをした時は注意し、困っている時は助けてあげ、先生のアシスタント的な仕事もこなします。

小さい子は大きい子達を、時に羨望や憧れや尊敬の目で見るようになります。

小さい子達は、大きい子がしているのを見て自然に学べます。教師がいちいち説明して覚えさせせることからすると、その習得の早さは、倍以上と言えるでしょう。

私のスクールは英語を身に付けさせることも目的にしていますが、英語力の習得も、驚くほど早いです。先生からだけでなく、大きい子達の真似をして覚えていくからだと思います。

異年齢混合クラスで、大きい子達にはリーダーシップや思いやりが、小さい子達には、目上を敬う気持ちや尊敬の気持ちが生まれます。

少子化で、兄弟姉妹がいる子が少なくなっている現在、縦割り保育は、本当に教育的効果が高いと感じています。

小さい子と一緒ということで、勉強のレベルなどを気にする人もいますが、小さい子に教えてあげたりすることで、大きい子にも力がついていきます。

少なくとも、私のスクールで、縦割り保育であるために、年長児のレベルが低くなると感じたことはありません。

私は年長さんにはいつも言っています。

「大きい子には責任があるよ」「小さい子が真似するよ」「年長さんが悪いことをすれば小さい子も悪くなるよ」「年長さんは良いお手本にならないとダメ」と。

これは異年齢混合クラスだからこそ、とても大事なことだと思っています。

兄弟がいるならば、メリット1で述べたように親が上の子を頼りにしてあげると、上の子に自覚がでてきて、下の子の面倒をみてくれたり、親に代わって注意してくれるようになるでしょう。上の子が反面教師なんてことにならないように、ぜひ気をつけてくださいね。

メリット3 子どもが自由に過ごせる時間

モンテッソーリ教育を行っている幼稚園などでは、個々の園で多少やり方の違いがあるとは思いますが、子ども達が自由に活動（お仕事）する時間を2～3時間取っています。午前中はほぼ自由（お仕事）時間という園も多いようです。

私のスクールでは、朝約1時間、レッスンが始まるまでの時間、室内で自分の好きなことや好きなおもちゃで遊べる時間を取っています。

その時間は、絵を描いてもいいし、本を読んでもいいし、英語DVDを見てもいいし、好きなおもちゃで遊んでもいいのです。

おもちゃは、レゴやブロックやマグネットやパズルのようなものから、ドールハウスやままごとセットなど、いろいろな種類を用意しています。

ただ、モンテッソーリ教育のような統一したおもちゃではなく、寄付してもらったおもちゃや不要になったキッチン用具なども使っています。

知育玩具といわれるおもちゃもたくさんありますが、それらをどんなふうに使うかは自由にさせています。

同時にいろいろなおもちゃが混ざり合って使われていますので、この点はモンテッソーリ教育のやり方とはずい分違います。

私がそういうやり方をしている理由は、またあとでお話しするとして、ここでは子どもの自主性を大切にするという点に絞りたいと思います。

子どもを自由に遊ばせることは、子どもの特性を知るのにとても役立っています。

その子が、本を読むことや絵を描くことが好きなのか、レゴやブロックのような組み立てる遊びが好きなのか、家族ごっこやままごとのようなごっこ遊びが好きなのか。

そして、そのような遊びをどれくらい集中してやるか、すぐに飽きて他のおもちゃに移るのか、いつも同じおもちゃで遊ぶのか、毎回違ったものを使うのかなど。

それらを観察することで、その子の持つ特性がある程度分かるようになります。

そしてこれは同時に、**子ども自身も、自分がどんなものが好きで、どんな風に遊ぶと楽しいと感じるのか、どんなものが上手にできて、どんなものがうまくできないのかという、自分の好みや得意不得意などを知ることができる**のです。

たとえば、レゴはとても上手に組み立てるけれど、絵はうまく描けない子や、男の子でもままごとが大好きで、おもちゃで素敵なパーティのコーディネイトをする子もいます。どちらがいいとか正しいということはなく、それぞれに特性があると言うことです。

自分の得意なことや没頭できることがあること、人より勝っていることがあるというのは、自分の強みになり自信になります。

もちろん、子どもは成長するにつれて興味の対象も変わってきますが、幼児期には比較的本質的なものが現れますから、とても参考になります。

モンテッソーリ教育の基本にある「使ってみたい、やってみたいと思わせる面白そうな教具があること」と「子どもが自分で自由に教具を選べること」は、親や教師だけでなく、子ども自身にとっても、非常に有意義なやり方だと思っています。

付け加えて言うならば、モンテッソーリ教育では教具を各1セットしか用意しません。その理由は、他の子が使っていた場合は順番を待たねばならないという状況を作るため。これにより、**待つということや我慢することも学ばせる**のです。これも大切なことだと思います。第3章で述べたように、兄弟がいない場合はぜひお友達と遊べる機会を作りましょう。

メリット4　自立を目指す日常生活の練習

モンテッソーリ教育では自立させることを重視していますが、これは私もまったく同感です。

日本の子どもの自己肯定感の低さが問題になることも多いですが、これは自分に自信が持てないということでもあります。

自分に自信を持つための第一歩は、自分のことは自分でできるということではないでしょうか？

集団生活に入った時に、挨拶の仕方も知らないとか、靴もうまく履けないとか、先生から指示されることが理解できないなどということになれば、オドオドしてしまうのは当然ですね。たとえば、朝はお友達や先生に、「おはようございます！」と目を見て元気に挨拶すればいいと知っている子は、それだけで一日自信を持って過ごせるでしょう。

どんな状況になっても、「こうすればいい」というやり方を知っていれば、堂々と振る舞えるのです。

かつて、日本では「男子厨房に入るべからず」なんて言われた時代もありました。家事や育児は女の仕事とされていたからです。

もちろん、力仕事を必要とされた社会では、男は外で、女は家庭でという家族の在り方が、一番自然だったのです。

けれど、その時代に、よく言われていたのは「夫を亡くした女性は長生きするが、妻を亡くした男性は後を追うようにすぐに亡くなる」ということでした。

この理由は、男女間の精神的な強さの違いもあるかもしれませんが、私は、男性が生活の術を知らないからではないかと思っていました。

料理もできない、買い物も掃除も洗濯もしたことがないという男性は、日々生きるための最低限の知識がないということ。すなわち自立できていないということだったのです。

人生には、何が起こるか分かりません。**自分のことが自分でできるということは、長い人生において、とても大切なこと**ではないかと思います。

すでに結婚観や夫婦のスタイルも変わってきています。これからの時代を生きる子ども達には、女の子であろうと男の子であろうと、必ず自立が必要になります。

自立できるということは、「何があっても生きていける」と思えることです。

メリット5　子どもの自己形成を援助する適切な教師

第1章の「モンテッソーリ教育の教員資格は?」でもお話ししたように、モンテッソーリ教育は子どもを指導する教師のあり方を非常に重視しています。

この点は私も全く同感で、「教師の心得12か条」に書かれている項目は、まさしく私が実践していることでもあります。

また、第2章の「家庭で取り入れる際の親の心得」でもお話ししましたが、子どもとどのように接するかということは、とても大事なポイントです。

ここでは、私が実践していることの中から、特に教育的効果が高いと感じていることを具体的にお話ししたいと思います。

①「子どもが環境との交流を持ち始めるまでは積極的に、交流が始まったら消極的になりなさい」

私のスクールは随時入会で、私が同時に受け入れるのは、一人または二人までだとお話ししましたが、その理由がまさしく、「子どもが環境との交流を持ち始めるまでは積極的に」関わりたいからです。

入園したばかりの頃は、子どもはとても不安を感じています。とくに3歳になったばかりの子どもですから、本格的な集団生活は初めてという子も多いです。

そんな子どもには、特に積極的に語りかけ、やり方を見せ、自分でできるように導きます。

たとえば、朝いちばんの仕事は、玄関で靴を脱いで所定の場所に置き上履きを履くこと。そして、教室に入ってきたら、自分のタオルと歯ブラシを決まったバスケットに入れ、コップをトレイに置き、お弁当をクーラーボックスに入れ、出席のシールを自分のカレンダーに貼って、そのカレンダーを所定の箱に入れます。

それが、毎日の朝のお仕事です。それがすめば、自分の好きな遊びをしていいことになっています。

自分がやるべきことを素早く上手にできた時は褒め、手こずっている時は励まし、やり方を忘れた時は再度やって見せ、子どもがスクールに慣れる手助けをします。

年中や年長さんや先に入園したちょっとだけ先輩の年少さん達も、一生懸命声をかけてくれます。でも、その子がやるべきことを他の子がやってあげようとするのは止めます。「やり方を教えるのはいいけれど、自分でやらせて」と言います。

１か月もすれば、流れややり方にも慣れ、他の子とも関われるようになります。そうしたら、私は、観察はしますが、積極的には関わらなくなります。

子どももいつまでも甘えてはきませんし、「自分でできる」という自信を持って、楽しく過ごせるようになります。

そうこうしていると、次の子が入園してきて、同じことを繰り返していくという感じです。

「子どもが環境との交流を持ち始めるまでは積極的に、交流が始まったら消極的になりなさい」というのは、親にとっても子どもの自立を促すとてもいい接し方だと思います。

②「子どもの間違いを直接的に訂正しないように」

私のスクールは、基本的に英語で過ごすことになっています。遊びの時も、ランチの時も外遊びの時もです。日本語を話していいのは、一日30分ほどの日本語タイムや、ダンスなどの特別レッスンの時だけです。

モンテッソーリ教育の、間違いを直接的に訂正しないというのは、実は英語を教える上でも大切だと思っています。

3歳、4歳の子どもは、英語に限らず日本語でも、まだ正しく言葉を使えないことも多いですね。そんな時に、「そうじゃないでしょ！　こう言いなさい！」といちいち注意されたら、間違いを恐れて言葉を発しなくなります。

おもちゃの使い方であっても、「それはそこじゃないでしょ！　こっちでしょ！」と教えてしまったら、自分でトライすることを恐れたり、すぐに人を頼ってしまいます。

自分で試行錯誤して、正しいやり方を見つけ出させることが大切なのです。

モンテッソーリの、「間違いを自分で見つけ訂正する機会を与えること」が、子どもの成長につながるという考え方は、その通りだと思っています。

③「休息している子どもや他人の仕事を見ている子どもを尊重しなさい。仕事を無理強いしないように」

たとえば、何もしないで一人でポツンとしている子がいれば、退屈しているのではと、つい何かさせてあげようと、構ってしまいます。

声をかけ、遊びにさそって、みんなの輪の中に入れてあげるのが、よく気がつく親切な先生だと思いがちです。

特に、日本の幼稚園の先生は、その傾向が大きいのではないでしょうか？

親も、「うちの子が一人でポツンとしているのに、先生が声をかけてくれない」と不満や不安に思うかもしれませんね。

でも、実は私も幼い頃、みんなの輪の中に入ることが楽しいと思わなかった時期があります。むしろ、みんなから離れて、みんなのことを見ている方が楽しかったのです。

その時先生から言われた言葉は今もはっきり覚えています。

「あなたはいつもニコニコしながら、みんなを見てるわね」

大勢の子とわいわい騒ぐことが楽しいと思う子もいれば、一人で黙々とお絵描きをするのが楽しいと思う子もいます。おしゃべりして笑っていると楽しくて、静かに本を読んでいるのは楽しくない、ということはないのです。

何を楽しいと感じるかは、人によって違います。それもまた、その子の特性なのです。無理におもちゃを与えられて、「これで遊びなさい」とか「あっちに行ってみんなと遊びなさい」などと言われる方が苦痛かもしれません。

家庭教育を始めて、子どもを公園に連れて行ったけれど、他の子と遊ばず一人で黙々と遊んでいる。そうだとしても、本人が集中して楽しそうにしているなら見守ってあげましょう。そのうち他の子と遊びたがる時期が来ます。

もちろん、体調が悪いとか、他の子にいじめられて一人でいる、というような場合もないわけではありませんから、そこはしっかり観察しましょう。

モンテッソーリが、「仕事を拒否する子ども、理解しない子ども、間違っている子どもは、たゆまず仕事への誘いかけを続けなさい」と言っているように、決して誘いかけるなと言っているわけではありません。

相手と状況を見極めてということです。

④「教師を探し求める子どもには、そばにいることを感じさせ、感づいている子どもには隠れるようにしなさい」

子どもには、甘えたでいつも注目してもらいたいと思っているような子どもも、あまり構ってほしくないと思っているような子どももいます。

上の子は甘えただけど、下の子は淡泊、上の子は自立しているけれど、下の子は構ってもらいたがるなど、兄弟や姉妹でもまったく違ったりします。

注目を求める子どもを無視すれば、その子は傷つくでしょうし、自立している子は構われるとうっとうしく感じるでしょう。

実は注目を求める子にはやんちゃな子が多い、というより注目を集めたいからやんちゃをするケースが多いのですが、こういう子には、「ちゃんと見ているよ」と感じさせるように頻繁に目を合わせます。

逆に、あまり構われたくないと思っているような子には、たまに見てニコッと笑いかけます。

ただ、やんちゃな子から目が離せないために、真面目で手がかからない子に注目する機会が少なくなる場合もあります。親の場合、どうしても手のかかる下の子に注意がいってしまって、上の子に寂しい思いをさせるということがありますね。それと同じです。

ですから、そういう子にも、**必ずしっかり目を見て笑いかける**ようにしています。

そうすると、その子も「自分のこともちゃんと見てくれている」と安心して、遊びや学びに集中できるのです。

家庭でもきっと、言葉をかけなくても、アイコンタクトで十分なことも多いと思います。

2・モンテッソーリ教育はどんな子に向いている？

これまでモンテッソーリ教育についてお話ししてきましたが、モンテッソーリ教育はどんな子にも向いているのでしょうか？

実は、30年以上子どもと接してきた経験から思い浮かべると、「う～ん、このやり方には合わないだろうな」と思う子もたくさんいます。

実際、以前から「モンテッソーリ教育を行っている幼稚園に見学に行ってきた」というお母さんから話を聞くこともあって、中には「子どもが走り回って大変だった」とか「子どもがじっとしていなくて無理だった」「教具をばらまいちゃって……平身低頭で帰ってきた」などと聞かされたこともありました。

また、「クラスの中に暴言を吐くような子がいても、先生が全然注意しなかった」という話も聞きました。

実はこういう点は非常に欧米的な「しつけは親の役目」という考え方なのかなと思います。海外のモンテッソーリ教育を行っているスクールでは通用するかもしれませんが、日本では気になるところかもしれません。

元気過ぎてジッとしていられないような男の子には、ちょっとむずかしいかなと思ったりもしますが、落ち着きのない子が集中できるようになったという声もありますから、一概には言えません。

実際モンテッソーリ教育を行っている幼稚園に通わせていたお母さんの感想は、「いつ行ってもとっても静か」「大人しい子が多い」という感想でした。

モンテッソーリ教育の幼稚園に向いているのは、たとえば滑り台や三輪車のような身体を使う遊びより、パズルやブロックのように手先や頭を使う遊びが好きだとか、一つのおもちゃに興味を持てば、そればかりに没頭しているような子などではないでしょうか。

どちらかと言えば外で走り回るより、家にいることが好きという子どもかもしれません。性格的にはせっかちな子より、おっとりしている子の方が向いているでしょう。

親としては、「もっと外で遊べばいいのに」とか「同じおもちゃばかり使ってる」と不安を感じたりすることもあるかもしれませんが、それがその子の持つ特性なのです。

また、モンテッソーリ教育が、もともと障碍児教育をスタートに生み出されたものだと考えると、一つのことに強いこだわりを持つとか、感情表現が苦手などの、いわゆる発達障害とされる子どもにも向いているのではないでしょうか。

その子のこだわりやその子のペースを大事にするという点では、発達障害の子ども達には、とてもいい接し方だと思います。

発達障害と言われる人は、一つのことに非常に優れた能力を発揮することも多く、モンテッソーリ教育は、それを見つけ出し伸ばすことができる教育かもしれません。

それこそ、ある分野での天才に育つかもしれません。

先に述べたように、ジッとしていられないなどの子どもの体質的な特徴や、性格的な特性や傾向は、1歳~3歳くらいで表れてくると思いますので、よく観察しておきましょう。

障碍に関しては、自分の子の態度に不安を感じるようなら、3歳児検診時に相談してみるといいでしょう。

モンテッソーリ教育の幼稚園にも、いろいろなタイプの子に対応できるノウハウがあると思います。

わが子がどんなタイプであっても、モンテッソーリ教育の幼稚園に行かせたいという思いがあるなら、見学に行かれるといいでしょう。

そうして、わが子に向いているか、馴染めるかなどを、子どもの反応を見ながら判断すればいいと思います。

3・日本の教育とうまく両立させるには？

モンテッソーリ教育はとても素晴らしいと思うけれど、日本の幼稚園のやり方とずいぶん違うから、普通に日本の小学校や中学校へ行くと、子どもがそこで困るのではないか？

そんな心配をするお父さんやお母さんもいるかもしれませんね。

実は私は、どんなに素晴らしい教育法や考え方であっても、欧米のやり方をそのまま取り入れるのは問題だと思っています。

なぜなら、日本と欧米では文化的背景や社会のシステムがまったく違うからです。

長年欧米文化に触れてきた経験から言うと、まるで正反対だと感じることの方が多いです。だからこそ学ぶべき部分が多いとも言えるのですが。

モンテッソーリ教育は、欧米のシステムには、とても合った教育法です。もともとイタリア人であるモンテッソーリが考え出した教育法ですから、当然かもしれません。

たとえば、欧米の会社では、秘書なら秘書として、営業なら営業として、経理なら経理として入社します。そのポストに応募するという形ですから、自分の得意や経験を生かせるのです。欧米では、それぞれを専門とするプロが集まって会社を形成していると言っていいでしょう。ですから、和を大切にするというような日本的な協調性は、あまり必要とされません。

一方、日本の会社では、一部の専門職は別として、入社しても総務なのか営業なのかどの部署に配置されるか分かりませんね。入社後も異動や転勤があったりします。

自分の得意を仕事に生かすことが、なかなかむずかしいシステムなのです。しかも、組織の中で突出するより、みんなと歩調を合わせたり、和を大事にすることを求められますね。

会社の組織一つとってもこのように、大きな違いがあるのです。

またたとえば、インドのカレーも、韓国のキムチも、イタリアのピザやパスタも、本場の味そのままではなく、日本人の口に合うようにアレンジされていますよね。

気候や風土が違えば、食の嗜好も違ってくるのは当然です。

それと同じように、教育に関しても、必ず日本の文化や習慣、環境の違いを考慮して、自分なりにアレンジするようにしています。

なぜなら、子ども達は、日本人として、またほとんどは日本の社会で生きていくことになるからです。


同時に、モンテッソーリの考え方は、教育者にとっても親にとっても子どもにとっても、素晴らしいと思いますが、私自身はどんなことでも１００％ＯＫということはないと思っています。

文化的背景と同様に考慮すべき点は、モンテッソーリが生きた時代と現在では、子どもを取り巻く環境が天と地ほど違うということです。

モンテッソーリが生きた時代は、言ってみれば白黒の時代。社会全体がまだ貧しくつつましく生きていた時代です。

今のように子どもの教育が充実していたわけでもなく、おもちゃなど、ごく一部の富裕層の子どもしか手にすることはできなかったでしょう。

私が子どもの時代でさえ、あったのはおはじきや母親手製のお手玉、てまりや折り紙、男の子にはベッタンという小さなカードやビー玉くらいでしたから。

そんな環境の中で、カラフルで目新しいおもちゃを見せられたら、どんな子どもでも夢中になりますね。

子ども達が、モンテッソーリの用意した環境や教具で、まるでスポンジが水を吸うように知識を吸収していったのは、当然のことだったと思います。

第1章でモンテッソーリ教育を受けた有名人をご紹介しましたが、彼らの子ども時代もまた、同じような環境だったと思います。

一方現在の社会はどうでしょうか？

総天然色、なんて言い方はちょっと古いかもしれませんが、今は色が溢れている時代と言えるのではないでしょうか。

色だけではなく形も音ももの も溢れ、しかも子どもの興味を引くような刺激的な映像も、目にしないでいることの方がむずかしい世の中です。

特にインターネットの登場は、世界を一変させてしまいました。

今の子ども達は、生まれた時からカラフルで刺激的なものに囲まれて育っているのです。

そういう点では、**子ども達に何かに興味を持たせ、集中させ、継続させ、獲得させるという教育は、昔よりずっとむずかしくなっている**と思います。

教える側には、さらなるアイデアや工夫が必要とされます。

世界はすでにボーダーレスとなり、今の日本的な教育だけでは生き残れなくなっている現在、欧米的な考え方と日本的な教育を、うまくバランスを取って指導していく必要があると思います。

すべてを欧米式にしてしまうのではなく、日本の優れた部分も取り入れていくことです。

藤井聡太四段が、あれだけ話題になり、連勝がストップし連敗が続いても注目を集める存在になっているのは、天才的な頭脳だけではなく、日本的な謙虚さや行儀の良さも好感を持たれているからではないでしょうか。

モンテッソーリ教育をはじめ、欧米のやり方を家庭で取り入れる際には、日本人として大切だと思うことも取り入れながら、自分なりにアレンジしていくことが大切だと思います。

4・モンテッソーリ教育の不安点は？

では、日本社会で生きていくには、またこれからの社会で生きていくのに、モンテッソーリ教育のどんな点が気になるでしょうか？

次に私が不安に感じた部分を、私がどのようにアレンジしているかをご紹介したいと思います。参考にしていただけるかもしれません。

不安点1 協調性は身に付くの？

子どもの自主性を重んじ、個別に活動させるというモンテッソーリ教育のやり方で、多くの親が不安に思うのは、協調性が身に付くのかということかもしれません。

それぞれの子どもが、自分が興味のある教具でバラバラにお仕事をするということ。その教具は一つしかないので、一人ずつ作業するということ。

これでは、日本で重要視されている集団行動や、みんなで仲良く遊ぶとか、みんなで助け合って何かをするというような経験が、できないのではないかということです。

もちろん、完全にモンテッソーリ教育のやり方で教育している幼稚園であっても、昼食の時間はみんなで食べることになるでしょう。また、みんなで外で遊んだり、公園に行ったりすることがあると思いますので、まったく集団で何かをするというチャンスがないというわけではないと思います。

ただ、**自分一人で、自分の興味のあることだけに集中できる時間が長いというのは、集団の和を大切にしたり、協調性を重んじる日本の社会では、不安要素になりますね。**

そこで、私のスクールでは、それぞれコーナーに分けるということはしていません。知育玩具やおもちゃは、プレイルームで自由に使わせています。

おもちゃは、たいてい1セットしかありませんが、誰かが独り占めして遊んでいるということはまずありません。

時には、独り占めして遊びたいと思うこともあるでしょうが、たいてい誰かが「入れて」とか「貸して」と寄ってきます。

そうして、同じおもちゃで一緒に仲良く遊ぶとか、一緒に何かを作るという経験ができるのです。

他の子と遊ぶ機会が多ければ、自然に協調性は身に付いていくでしょう。

不安点2 コミュニケーション能力は身に付くの？

個別活動でのもう一つの大きな不安は、コミュニケーション能力が身に付くかということです。

一人で黙々と作業することが多いということは、他の子と会話する機会が少ないということです。同じ作業を通して、意見を出し合うというようなこともありませんね。

幼稚園児のことですから、それほど高度な意見交換をするわけではありませんが、私のスクールの子ども達の会話を聞いていると、遊びの中で、「ああでもない」「こうでもない」「こうしよう」「これはやめた方がいい」などといろいろ言い合っています。

また、仲良く遊ぶだけでなく、おもちゃの取り合いで喧嘩になったりもします。そんな時はお互いがしっかり自己主張していますし、そのうちどちらかが折れるか、お互いに納得できるいい解決策を見い出しています。

時には、周りの子達が仲裁に入ったり、解決策を示したりしています。

そういう会話を聞きながら、あまりにも問題になるような会話や、相手を傷つけそうな言い方をした時は注意して気づかせています。

私は子ども同士のこういうやり取りこそが、コミュニケーション能力を高める訓練であり、自由に遊ばせることの大きなメリットだと思っているのです。

また、幼児期に集団で過ごさせることの意義ではないかと思っています。

モンテッソーリ教育の個別活動では、その機会が少ないように思います。

余談ですが、日本では〝ＮＯ〟と言うことが良しとされませんね。

子どもも、〝NO〟と言われることに慣れていないので、「○○ちゃんが貸してくれない」と訴えてくることがあるのですが、私は、〝NO〟と言ってもいいよと話しています。

今やっと自分が使い始めて、「さあ遊ぼう」と思っている時に「貸して」って来られたら嫌だよね。そんな時は、事情を説明して〝NO〟って言ってもいいよと。

一方〝NO〟と言われた子には〝OK〟って言って離れなさい。しばらく他のおもちゃで遊んで、どうしてもそのおもちゃで遊びたいなら、時間が経ってからもう一度聞いてごらんと言っています。

自分の思いや希望を主張することも大切なこと。〝NO〟と言うのは、必ずしも意地悪からではないのですから。

特に欧米の人達は、はっきり〝NO〟と意思表示することも多いです。〝NO〟と言ったり言われることに慣れさせておくことも大切だと思います。

不安点3　強い精神力は身に付く？

それぞれが、自分の得意なことに没頭でき、みんなが穏やかに過ごせるのは、とても理想的な環境ですね。それが一生続くなら、こんないいことはありません。

でも、残念ながら、世の中には、様々な人がいます。穏やかで優しい人ばかりではありません。

子ども達は、子ども同士の社会で、喧嘩をしたり、意地悪なことを言ったり言われたり、仲間外れにしたりされたりしながら、精神力を強くしていけるのだと思います。

人間ですから、悲しみや怒りや妬みなどの負の感情に支配されることもあります。

子どもはそれらをまだうまくコントロールできませんし、うまく表現することもできません。

自分はどんな時に意地悪を言ってしまうのか、相手を仲間外れにしたくなるのはどんな時か、逆に、どんなことを言われると傷つくのか、どんなことをされると悲しいのかを、子ども時代に知ることはとても大切なことだと思います。

そして、そういう負の感情を知り、自分なりに消化する術を身に付けることで、精神力が強くなっていくのだと思います。

もちろん、人間には優しさや思いやりの気持ちがあります。それらを表現する方法も同時に学ぶことができるのです。

その点でも、子ども同士の交流が少ないのは気になります。様々な観点から、何度も言いますが、幼児期には他の子どもと自由に遊ぶ機会をできるだけ作ってほしいと思います。

不安点4 決められた教具で自由な発想はできるの？

モンテッソーリが考案した教具は、第1章のモンテッソーリ教育の教具の項でもお話ししたように、こだわりを持って作られています。

一つのおもちゃで技術的効果と概念的効果が身に付けられるように作られていたり、子どもが混乱するとして、性質の違いを一つにするとか、すべてが正しい位置でなければ完了しないように作られていたりします。

モンテッソーリが障碍児教育に取り組んでいたことを考えると、とても分かりやすく、丁寧に考えられているのだと思います。

ただ、先に述べたように、モンテッソーリの時代と今では、時代背景が違います。子ども達の理解力や精神的な成長の度合いも、昔に比べるとかなり高く早くなっていると思います。

常に刺激的なものに囲まれて育っている子ども達には、瞬時に物事を理解する能力が自然と備わっていくのではないかと思います。

たとえば、子ども達は映像を見てすぐに歌とダンスの振りを覚えてしまいます。その上、登場人物が何人でどんな服を着ていたかとか、髪の色が何色かというようなこともしっかり覚えているのです。

今の子ども達には、複数のことを同時に理解したり、こなしたりする能力があると私は思っているのです。

現に、今では音楽の世界でも、スポーツの世界でも、それこそ将棋のような知的作業でも、ＩＴ部門でも、大人顔負けの能力を発揮する子どもの年齢が、どんどん下がっていますね。

しかも、インターネットの登場で社会は大きく変わりましたから、これからの時代に求められる能力も、モンテッソーリの時代とは当然違ってきます。

私のスクールでは、おもちゃを自由に使わせていて、いろんなおもちゃが混じり合って使われています。

私自身は、**一つのおもちゃを、必ず製作者が意図したような使い方をしてほしいとは思っていない**のです。

ままごと遊びにブロックがクッキーとして登場したり、レゴで作った建物の中に、ドールハウスの人形が鎮座していたり、ニューブロックで作った電車に花が飾られていたり、マグフォーマーで作ったボールの中に本物のボールが収まっていたり、子ども達がユニークな使い方をしていると嬉しくなります。

それぞれの子どもが、好きなおもちゃを出して遊びますので、いろいろなおもちゃが床に散らばりますが、だからこそ、「これとあれを組み合わせよう！」というアイデアが生まれてくるのだと思っています。

そして、**これからの時代に必要なのは、このように何かを組み合わせて、新しいものを**

創りだす「ひらめき」や「発想力」だと思っているのです。

もし、家で子どもが何種類かのおもちゃを散らかして遊んでいたら、ぜひどんな使い方をしているか観察してみてください。お遊びの時間だけは、散らかすことを大目にみてあげませんか？

不安点5　環境の変化に適応できる柔軟性は身に付く？

モンテッソーリ教育を行っている幼稚園では、常にものの置き場所が決まっていて、整理整頓された環境で学ぶことになります。そして、決まった教具の使い方や、教師に教えられたやり方を身に付けていくようになります。

あまりにも完璧に大人が準備した環境であることと、教師が教えるということ。

そのような環境で育った子どもは、「先生に教えられたやり方が正しい」「この使い方が正しい」と決めつけてしまうのではないか。

融通が利かないとか、柔軟性に欠けて、自分とは違う意見や考えを受け入れないという姿勢につながらないかと危惧しています。

また、決まったものを決まった使い方をすることにこだわり、何かを他のもので代用するというアイデアやたくましさに欠けるのではないかとも思っています。

私は、1995年の阪神淡路大震災で被災しました。震災では多くの家が壊れ人々は生活用品のほとんどを失いました。

そんな時、先頭に立って被災者を助けたのは、ガレキの中から使えるものを見つけ出し、活用する術を知っていた人達でした。

震災は私に、「人生には何が起こるか分からない」と痛感させ、「たくましく生きること」を教えました。

その後、ご存知のように東日本大震災が起こり、各地で地震が頻発し、集中豪雨で村が流されるなど、日本全国で様々な自然災害が起こっています。

さらに、世界中で起こるテロの危機や、日本が戦争に巻き込まれるかも知れないという危機にもさらされています。

何が起こるか分からない時代には、何があっても動じず、瞬時に対応できる適応力や柔軟性が必要だと思っています。

日本の幼稚園でも、子どもが混乱するとして、いつも同じ配置、同じ流れで進めるのが良いとされていますが、私はあえて変えています。

幼児期の訓練ですから、大きなことはできませんが、私のスクールでは、子どもの様子を見て、突然授業のスケジュールを変えたりすることがよくあります。そんな時でも、子ども達はまったく動じず指示に従っていますし、混乱することもありません。むしろ変化や変更を楽しんでいるようにも見えます。

また、おもちゃや朝の用意のための道具の位置を意識的に変えたりもします。子ども達は戸惑うことなくしっかり見て、自分の持ち物を正しい位置に置いていますから、観察力も身に付いているなと感じています。

2歳くらいまではまだこだわりが強いと思いますので、決まった位置にしてあげる方がいいと思いますが、3～4歳になったら、時々模様替えをしてみてください。お母さんの気分転換にもなると思います。もちろん子どもと一緒にしても楽しいですね。

以上のような理由から、私は、モンテッソーリ教育のやり方をそのまま取り入れずに、独自のやり方にアレンジしています。実は日本の幼稚園のやり方をそのまま取り入れていないのも、同じような理由からです。

家庭でモンテッソーリ教育を取り入れる時の参考にしてください。

5・子どもに合った幼稚園、子ども園の選び方

モンテッソーリ教育にはどんな子どもが合うのかは、この章の「２・モンテッソーリ教育はどんな子に向いている？」でお話ししましたね。

日本では「三つ子の魂百まで」といわれるように、幼児期は人格形成にとても大切な時期だと思います。

ただ、家庭で一生懸命「こうなってほしい」と思いながらしつけや教育をしても、**子どもは必ず周りの子ども達や環境から影響を受けます。**

ですから、幼児期を過ごす幼稚園や子ども園が子どもに合うかどうかは、とても大切なポイントだと思います。

親がどんなに気に入っても子どもに合わないというケースもありますし、子どもが馴染

んでも親の条件に合わないというケースもあるでしょう。

まずは、環境や交通手段や治安や費用など、親が通わせられるかどうかの条件を絞り、その中からいくつかの幼稚園に見学に行ってみましょう。

そこでは、次の点に特に注目してみてください。

●クラスの子ども達の表情を見ましょう

イキイキしているか、のびのびしているか、ピシッとしているとか、何となくオドオドしているとか、活発とか大人しいとか、いろいろ感じるはずです。

その子ども達の様子を見て、「わが子にもこんな風になってもらいたい」と感じるようなことがあれば、候補にしていいでしょう。

●子どもを指導する先生を見ましょう

先生がイキイキして明るいか、逆になんだか暗い印象がするのか。いろいろな先生がいますから、仮に入園してもどの先生にあたるかは分かりませんが、子どもを預ける先生の質はやはり大切です。

先生達が、その園のやり方に賛同したり満足していれば、楽しげに仕事をしているでしょうし、やり方に疑問や不満を感じていたら、それが表情や態度にも表れてくるでしょう。その疑問や不満が正当なものかどうかは別として、やはりそのような先生ではない方が、子どもにとってはプラスです。

また、子どもの喧嘩や暴力などがあった時に、先生がどのように対応しているかも観察しましょう。それは、親が望むような対応でしょうか？

●園の責任者の態度や姿勢に注目しましょう

実際に教えるのは先生ですが、その園のポリシーや考え方は、園長や理事長などの園の責任者が決めるものです。ですから、園の責任者が、本当に子どものことを考えているのか、単にビジネスとして考えているのかを見極めましょう。

今は、様々な特徴を持った幼稚園や子ども園がたくさんできていますが、中には事件になったような、子どもを食い物にしているような園がないとも限りません。

認可園の園長先生が、やたら派手に着飾って贅沢をしているなどという噂を聞いたら、私は、国や県からの助成金を子どもに回していないのではと、疑ってしまいそうです。

ちなみに、私のスクールのような無認可のスクールには、残念ながら助成金は一切ありません。

●疑問や不安に思うことは質問してみましょう

たとえば、モンテッソーリ教育を行っている幼稚園はとても気に入ったけれど、協調性やコミュニケーション能力という面で不安があるとします。

それなら、その園ではその点をどのように考えているか、何か対応策を取っているのかなどを、聞いてみるといいでしょう。

仮にモンテッソーリ教育を取り入れているとしても、日本人に合うように、いろいろ工夫している幼稚園も多いと思います。

また、完全なモンテッソーリ教育のやり方が、藤井四段のような天才を育ててくれるかもしれませんから、わが子の特性をよく見て決めましょう。

6・世界の他の幼児教育法

最後に、これまでに日本に影響を与えた欧米の教育法と、もしかしたらこれから影響を受けるかもしれない新しい教育法をご紹介して終わりたいと思います。

これまでモンテッソーリ教育について書いてきましたが、他にも日本に影響を与えた教育法があります。

高度成長期には、日本は欧米諸国、特にアメリカに追い付け追い越せをスローガンに、教育にも力を入れ始めました。豊かな経済力をバックに、民間の幼児教室も増え始め、それらの幼稚園や幼児教室には、今回ご紹介したモンテッソーリをはじめ、これからご紹介する教育法を取り入れた所も数多くありました。もしかしたら、皆さんが通われた幼稚園も、欧米の教育法に影響を受けていたかもしれませんね。

世界の教育法1

シュタイナー教育

日本では、モンテッソーリ教育と同様よく知られている教育法ではないでしょうか？

ルドルフ・シュタイナーは、1861年に、旧オーストリア（現クロアチア）に生まれた哲学者です。

シュタイナーは「アントロポゾフィー」という自らの哲学思想に基づき、人間の成長を7年ごとの周期で考え、0歳から7歳までを幼児期と考えました。

シュタイナー教育は、精神科学の立場から子どもの教育を捉え、生命体や輪廻転生、宇宙や自然という、いわゆるスピリチュアルな考え方が土台にあります。

このような点では、日本の神道に通じるものもあります。

シュタイナーは、**幼児期は身体が出来上がる季節であり、模倣する季節**であるとしています。身体を自分の意思で動かすことがこの時期の課題であるとし、生活のリズムを大切にしました。

また、シュタイナーは、**「世界は善であふれている」と感じさせるような環境を、周りの**

大人や親が与えることが大切だと考えていました。

私自身は、人間を宇宙という広い視野から捉え、精神の成長を目指した思想として理解しています。

肉体の成長は止まってしまいますが、精神の成長は止まることはありません。

シュタイナー教育もまた私に大きな影響を与えた考え方です。

世界の教育法2

フレーベル教育

フレーベル教育は、モンテッソーリ教育やシュタイナー教育ほど、日本では知られていませんが、実は日本の幼稚園で一番取り入れられているかもしれません。

1782年にドイツで生まれたフリードリッヒ・フレーベルは、子どもを集めて造った施設を「キンダーガルテン（子どもの庭）」と呼びました。

そうです、今幼稚園のことをキンダーガーデンと呼びますよね。

キンダーガルテンでは、歌あそびやお絵描きや積み木、庭遊びや生活体験などを重視しました。**多くの幼稚園に園庭や花壇があるのは、フレーベルの影響**です。

フレーベルは、恩物と呼ばれる教育玩具を考案していますが、モンテッソーリ教育の教具ももしかしたら、フレーベルの恩物からヒントを得たのかもしれません。

名前こそ一般的にはあまり知られていませんが、現在の幼稚園の基礎を築いた教育者です。

世界の教育法3

フレネ教育

フレネ学校を開設したセレスタン・フレネは、１８９６年生まれのフランス人で、小学校の教師でした。

フレネ学校の特徴は、異年齢児のクラスで、自分のペースで、主に自分の考えや感じたことを書いた作文を題材として学びます。また小さな子ども達にも、自分の意見や考えを、文章で表現させたり発表させます。

子ども自身に決めさせることも多く、個人個人のペースに合わせて学習できる教育法と言えるでしょう。

他にも古くからの教育法には、ユニークな子育て法と積み木で有名になったニキーチン、わらべ歌など音楽教育の礎を築いたコダーイなどがいます。

世界の教育法4

レッジョ・エミリア教育

レッジョ・エミリアとは、イタリア北部の街で、この街で始まった幼児教育への取り組みからこの名前が付けられました。「子どもは100人いれば100人の個性があり、100の可能性がある」を信条に、芸術を愛するイタリアらしく、アート素材で子ども達の思いや考えを表現させ、そこから学びにつなげていきます。

モンテッソーリ教育との大きな違いは、子ども達が少人数のグループで共同で活動を行うこと。また、モンテッソーリ教育は、教育を受けた教師により、教具を使って決まったことを教えるというやり方ですが、レッジョ・エミリアは、あくまでも教育に対する考え方であって、教え方が決められているわけではありません。そういう点では、おおらかな教育アプローチと言えそうです。

アメリカでは、1991年にニューズウィークに取り上げられたことから、新たな教育法として、教育熱心な親やクリエーター系に人気が出ています。

世界の教育法5　ピラミッドメソッド

ピラミッドメソッドとは、１９６８年オランダ政府によって設立されたCito（旧オランダ王立教育評価機関、現在は民営化）が開発した幼児教育法です。

「子どもの自己選択で始まり、自己解決を目指すのが本来の教育である。ただし子どもに自由勝手にさせるのではなく、教師は子どもをサポートしなければならない。だが、主体はあくまでも子どもであり、教師はあくまでもサポーターに過ぎないのだ」という教育理念が基本にあります。

小学校に行くまでに子どもたちが身につけなければいけない基礎的なスキルを、一人ひとりの個別発達に合わせてプログラムを進めていくという教育法です。

オランダは、子どもの幸福度が高く「世界で一番幸せな子ども達」と呼ばれていることから、その教育法が注目されています。

これまでご紹介してきたもの以外にも、幼児教育の世界ランキングで常にトップにいる北欧のフィンランドやスウェーデンやノルウェーの教育法や、ノーベル賞の受賞者が多いユダヤ人の教育法、ITに強いインド式の教育法なども注目されています。

こうして、新しい教育方法がどんどん紹介されているのは、インターネットの登場で、世界中の情報が瞬時に入ってくることや、YouTubeなどで、内容ややり方をすぐに見ることができるようになったおかげですね。

今の幼児教育には、世界の様々な先駆者達の知恵が凝縮されていると言えますが、これからさらに、新しい教育法が模索され続けていくことでしょう。

科学技術の進歩が著しく、これだけ変化のスピードが速い現代においては、一つの教育法だけでは補えないことも多々あります。

広い視野で教育を考え、様々な教育法の優れた点を取り入れて、ぜひ我が子に合った子育てを模索してほしいと思います。それが、親にとっての学びと言えるかもしれません。

〈参考〉

【モンテッソーリ教育】
日本モンテッソーリ教育総合研究所：http://sainou.or.jp/montessori/about-montessori/about.php
日本モンテッソーリ協会（学会）：http://www.montessori-jp.org/

【モンテッソーリ教具】

モンテッソーリ教具の日本総代理店「学研教育みらい」の通販で購入可能です。

shop 保育 CAN（学研ショップ）：https://shop.gakken.co.jp/hcan/monte/
※モンテッソーリ教具はアマゾンや楽天などでも購入できます。「モンテッソーリ教具」で検索してください。

【レッジョ・エミリア】

アメリカで実際にレッジョ・エミリアアプローチを取り入れた園で10数年教え、日米でレッジョのコンサルタントもされている加藤久弥子さんにお話をお聞きしました。

ブログ『南カリフォルニアでの reggioemilia approach の関わり』：https://ameblo.jp/reggioemilia/

【ピラミッドメソッド】

ＮＰＯ法人国際臨床保育研究所　日本ピラミーデセンター：http://www.kiccc.or.jp/pyramide/pyramide.html

おわりに

私はこれまで、単に知識を教えるのではなく「人として大切なこと」や「人生の目的」を常に頭に置き、さらには「これからの社会ではどのような能力が必要とされるのか」「これからの社会で生き残れるのはどのような人間か」というような、将来を見据えた視点を持ちながら、教育に取り組んできました。なぜなら、子ども達が社会に巣立つのは、10年も20年も先だからです。

インターネットの登場で社会は大きく変わり、これからはＡＩ（人工知能）やロボットに、人間が取って代わられるかもしれないような社会になります。

現在ある職業の半数以上がなくなるだろうと言われ、すでに、暗記を中心にしたような日本式の教育では、生き残れないような時代になっているのです。

しかしながら、現在の日本の教育システムや社会のシステムは、一朝一夕には変わりません。長い時間がかかり、今の子ども達にはとても間に合いません。

でも、実はすぐに変えられることがあります。それが家庭での教育なのです。

今回改めてモンテッソーリ教育を考える機会を持って思うのは、「モンテッソーリ教育を家庭で取り入れること」が、子ども達を、そして社会を変えるきっかけになるかもしれないということです。

その理由の1つは、子どもの自己肯定感を高めることができること。

日本の子どもの自己肯定感の低さがニュースになったことを覚えておられる方もいるでしょう。自己肯定感が低いということは、自分に自信が持てないということです。

もし、子ども達が、自立して自分の特性や得意なことを知れば、自分に自信が持てるようになります。そして、自分の得意なことを生かしながら生きていくことができれば、みんながイキイキと働く社会へと大きく変わっていくのではないでしょうか？

モンテッソーリは、家庭的に恵まれない子ども達に、温かい家庭教育を与えようとしました。

モンテッソーリの「自立していて、有能で、責任感と人への思いやりがあり、生涯学び続ける姿勢を持った人間に育てること」という教育の目的の大半は、家庭教育でこそ成し遂げられることかもしれません。

ここで、教育やしつけについての私の考えを、少し述べさせていただきたいと思います。現在の私は幼児期専門ですが、幼稚園や小学校や中学校時代の、ある特定の期間だけの子どもの成長を捉えて、「いい子にさせる」とか「いい成績を取らせる」とか「他の子に負けない」などということを教育の目的にはしていません。

子ども達が社会に出た時に、「困らないように」「自信を持って振る舞えるように」「何があってもたくましく生きられるように」「自分の人生を楽しんで生きられるように」ということを目標にしてきました。

今の教育には、「教育を長い目で捉える」という姿勢が欠けているのではないかと思っています。

私自身は、基礎学力や基礎体力をつけておくことと、子ども同士のコミュニケーションの機会を増やすために、日本の小学校教育は有効かもしれないと思っています。

この時期には、学力で競争させることより、子ども同士の様々な経験を通じて、強い精神力を育て、コミュニケーション能力や考える力などを身に付けさせることを目標にして、指導していくことが重要だと思います。

そしてむしろ、日本では、中学校や高等学校でこそ、このモンテッソーリ教育の考え方を取り入れるべきではないかと思います。

今、日本の子ども達の多くは、大学受験を最終目標にさせられています。中学や高校など教育機関そのものが、進学率で競っているからです。

大学で何を学びたいとか、将来この分野に進みたいというような明確な目的を持って大学に行くのではなく、大学に合格することが目的になってしまっています。

子どもを有名大学に合格させたということが本になるくらいですから、親にとっても大学合格が目標になっているのかもしれません。

ですから、大学に合格してしまうと目標を失ってしまうということになるのです。

もし、中学や高校で、自分が本当に好きなことややりたいことを見つけることができれば、その後の人生が大きく変わっていくのではないでしょうか？

自分の興味のあることを深く極めるために大学に行くとか、自分の得意なことを生かして起業したり就職したり、その道のプロを目指すということもできます。

第1章でご紹介したように、もともとモンテッソーリ教育は24歳までとなっていました。さすがに24歳までと言うのは長すぎると思いますので、高等学校の18歳までというのがいいかもしれません。

大学は本来専門分野を学ぶところですから、言ってみればモンテッソーリ教育そのものですので、わざわざ大学でもモンテッソーリ教育を取り入れようとする必要はないでしょう。

小学校で、社会に出た時に必要な基礎学力や基礎体力をつけたうえで、幼児期に興味を持ったことや得意だと気づいたことに、中学や高校で、本格的に取り組んでみる。そうした中から、自分の将来の進路や人生を考えることができれば、子ども達は、自分の人生をイキイキと生きていけるのではないでしょうか？

教育に携わる者としての私の願いは、子ども達が大人になった時、自立して強くたくましく生きていけるように、どんな社会になっても人生を楽しめるようになってもらいたいということです。

そのためにこの本が、若いお父さんお母さん達の手助けになりますように！

そして、それぞれの家庭で、それぞれの子どもに合った教育が、与えられますように！

なお、家庭でのしつけに関しては、拙著『グローバル社会に生きる子どものための6歳までに身に付けさせたいしつけと習慣』（アマゾン）が、英語教育に興味のある方は、『5歳からでも間に合う　お金をかけずにわが子をバイリンガルにする方法』（彩図社）がお役に立てるのではないかと思います。よろしければ参考にしてください。

最後に、この本の執筆の機会を与えてくださった彩図社の大澤泉氏と、この本を手に取り最後までお読みくださった皆様、私の教育法を実践させてくれている私のスクールのかわいい子ども達とご両親、そして私のやり方を理解して頑張ってくれているジョー先生と、良き理解者である夫に心から感謝します。

平川裕貴

【著者略歴】
平川 裕貴（ひらかわ・ゆうき）

日本航空CA、外資系英語スクールマネージャーを経て、1988年に子ども英語スクールリリパットを神戸と大阪に開校。2006年、インターナショナルプリスクール（英語の幼稚園型スクール）リリパット・リトルキンダーを設立。英語教育と人間教育に取り組み、現在3～6歳までの子どもを、幅広い視野と思いやりを持ったバイリンガルに育てている。
また、長年欧米文化に触れてきた経験から、日本と欧米の優れた点を取り入れたしつけを提唱。スクール経営の傍ら、幼児教育研究家として、『ホンマでっか!?TV』出演や、メディアの取材を受ける他、ママ向けサイト『ハピママ』『KIDSNA』『It Mama』などに英語やしつけ関連のコラムを執筆。近著『5歳からでも間に合う　お金をかけずにわが子をバイリンガルにする方法』（彩図社）『グローバル社会に生きる子どものための6歳までに身に付けさせたいしつけと習慣』（アマゾン）

モンテッソーリ教育で伸びる子を育てる！

2018年2月20日第一刷

著　者　平川裕貴

発行人　山田有司

発行所　〒170-0005
株式会社　彩図社
東京都豊島区南大塚3-24-4
MTビル
TEL：03-5985-8213　FAX：03-5985-8224

印刷所　シナノ印刷株式会社

イラスト　イクタケマコト

URL http://www.saiz.co.jp　https://twitter.com/saiz_sha

© 2018. Yuki Hirakawa Printed in Japan.　ISBN978-4-8013-0281-5 C0077
落丁・乱丁本は小社宛にお送りください。送料小社負担にて、お取り替えいたします。
定価はカバーに表示してあります。
本書の無断複写は著作権上での例外を除き、禁じられています。